诗人那些事儿

刘禹锡篇

夫 子 主编

范 丽 李雨蒙 著

山东人民出版社·济南

国家一级出版社 全国百佳图书出版单位

图书在版编目（CIP）数据

诗人那些事儿．刘禹锡篇 ／ 夫子主编 ；范丽，李雨蒙著．
－－ 济南：山东人民出版社，2022.8（2023.9重印）
ISBN 978－7－209－13673－0

Ⅰ．①诗… Ⅱ．①夫… ②范… ③李… Ⅲ．①刘禹锡
（772－843）－传记 Ⅳ．①K825.6

中国版本图书馆CIP数据核字(2022)第076210号

诗人那些事儿·刘禹锡篇

SHIREN NAXIE SHIER LIUYUXIPIAN

夫子 主编

主管单位　山东出版传媒股份有限公司
出版发行　山东人民出版社
出 版 人　胡长青
社　　址　济南市市中区舜耕路517号
邮　　编　250003
电　　话　总编室（0531）82098914
　　　　　市场部（0531）82098027
网　　址　http://www.sd-book.com.cn
印　　装　山东华立印务有限公司
经　　销　新华书店

规　　格　32开（145mm×210mm）
印　　张　6.5
字　　数　110千字
版　　次　2022年8月第1版
印　　次　2023年9月第2次
ISBN 978-7-209-13673-0
定　　价　32.80元

　　　　　如有印装质量问题，请与出版社总编室联系调换。

"飞流直下三千尺，疑是银河落九天。"哇，这是多么瑰丽浪漫的想象！"无边落木萧萧下，不尽长江滚滚来。"啊，这是多么落寞悲凉的情绪！"东风不与周郎便，铜雀春深锁二乔。"呀，这是多么匠心独运的见解！读到如此令人惊艳的诗句，你是否想买一本诗歌集来品一品？

豪迈爽朗的李白，却经常生出淡淡的忧伤；一生凄苦的杜甫，却念念不忘国家和人民；风流潇洒的杜牧，却在军事上才华横溢……面对这些传奇般的诗人，你是否想买一套他们的传记来读一读？

可是啊，当你欣赏诗歌集的时候，虽然能读到诗歌原文、注释、翻译，甚至赏析，但是会不会经常感到与诗歌隔了一层面纱？当你品读诗人传记的时候，虽然书中将诗人的一生记述得清清楚楚，但是会不会经常感到有些疲倦、无法沉浸其中？

你会不会想，有没有这么一套书，能够让自己"一口气"读完诗人的一生，能够沉浸其中，为诗人的欢乐而欢乐，为诗人的忧愁而忧愁；同时，还能读到诗人的经典诗歌，了解这些诗歌是在怎样的背景下、在诗人怎样的心情下创作出来的，与这些诗歌"零距离"接触一番？

　　相信，这套《诗人那些事儿》能够合乎你的胃口。它一个分册只讲一位诗人，语言通俗又风趣，借用了一些现代流行语汇，同时运用丰富的想象绘制了超多幽默、有趣的插图。而且，中小学阶段必背的这位诗人的诗歌，都包含在其中。每个分册以诗人的生平为主线，串联诗人的经典诗歌，既是诗人的传记，又是诗歌的合集。

　　在这套书里，你看到的诗人，是有血有肉、有喜有忧的鲜活的人物，如同你景仰的长辈，又如同你亲近的朋友；在这套书里，你读到的诗歌，仿佛是近在你眼前、刚刚沐浴阳光或经历风雨而缓缓绽放的花朵，让你流连忘返，回味无穷。

目　录

第一章

少年出世

谈到大名鼎鼎的诗人刘禹锡，大家可能会脱口而出**"诗豪"**二字。的确，他的诗风"豪"，雄浑壮阔，豪气十足；他的性格也"豪"，刚强坚毅，豪迈洒脱。他在诗文方面的才气十分出众，流传的佳作，那起码得请一个口才非常好的说书人讲上个三天三夜。也许凡事总得一碗水端平吧，于是乎，才华出众的刘禹锡被"安排"了一个十分坎坷的身世。

这身世呢，说来话长，咱们先来理一理刘禹锡是哪里人吧。目前主要有三种说法：一种说他是彭城（今江苏徐州）人，大诗人白居易就曾说过"彭城刘梦得"（刘禹锡字梦得）这样的话；一种说他是洛阳（今河南

洛阳）人；还有一种说他是嘉兴（今浙江嘉兴）人。

这三种说法呢，各有依据，公说公有理，婆说婆有理。那刘禹锡到底是哪里人？且看他在自传《**子刘子自传**》中是怎样说的吧：

子刘子，名禹锡，字梦得。其先汉景帝贾夫人子胜，封中山王，谥曰靖，子孙因封为中山人也。七代祖亮，事北朝为冀州刺史、散骑常侍，遇迁都洛阳，为北部都昌里人。

接下来就说说刘禹锡的出生吧。说来也是真的坎坷，刘禹锡的父亲刘绪参加进士科考试不久，就因为安禄山掀起的安史之乱，被迫带着家人，背着大包小包，踏上了颠沛流离的"旅行"。他几经辗转，最后终于在江南找了个地方落脚。正所谓"国之不国，何以为家"，国家还在风雨飘摇中，刘绪又怎么能安下心来和妻子孕育爱情的结晶呢？这不，夫妻俩等啊等，一直到了唐代宗大历七年（772年），才终于迎来了一个孩子。刘绪郑重地给他取名叫刘禹锡。古代的"锡"字和"赐"字相通，"禹锡"，大意是**"大禹所赐"**。而他又字"梦得"，可能是刘妈妈在怀上刘禹锡之前做了一个梦，梦见大禹赐给了他们一个孩子。

不管怎样，刘禹锡的出生让夫妻俩开心得不行。但刘禹锡自打生下来以后就经常生病，往往这个毛病才治好，又起了新的毛病。年纪小小的刘禹锡哪里受得住呢？刘家时不时就传来小刘禹锡那呼天号地的哭声，真是个小可怜啊！

呜呜呜……疾病别来找我了！

当然，小孩子嘛，总归是喜欢玩的。江南是水乡，刘禹锡家近旁就有很多小河，他就天天跑去河边玩，有时候甚至还会偷家里的鱼竿，学着大人的样子坐在河边钓鱼。刘禹锡的父亲刘绪毕竟是个"公务员"，看着自家孩子不是生病躺床上，就是病好了四处疯玩找不到人，心里别提有多不得劲儿了。孩子再怎么体弱多病，也不能由着他的性子就这么玩下去啊。于是刘绪思来想去，决定好好培养培养刘禹锡。

就这样，小小的刘禹锡正式踏上了漫漫求学路，开始整天顶个小脑袋瓜摇头晃脑地背那些难懂的书。不光

如此，刘绪还给刘禹锡增加了一门礼仪课，教刘禹锡怎样才能成为一个讲礼貌的小孩。在父亲的耐心教导下，刘禹锡慢慢地从一个爱钓小鱼、爱玩水的小皮猴子变成了一个彬彬有礼、人见人夸的小儒士。

真有礼貌！

说起来也算是福祸相依吧。刘禹锡的父亲因为安史之乱踏上了南迁之旅，其他文人也是如此。当时有很多名气很大、学问和见识都很广博的文人也流落到了江南，跟刘禹锡做了邻居。他父亲刘绪在当地也算个小官，和这些文人墨客来往得挺勤，于是小刘禹锡就近水楼台先得月，借着父亲的光和这些文化界"顶流"有了很多打交道的机会。

看到没，我爸爸给我摘的！

当时，刘禹锡家不远处有座妙喜寺，寺里住着一位很有名的和尚，名叫**皎然**。皎然继承了自己的祖先谢灵运的才气，非常会写诗，当时的人都称他为"江东名僧"。皎然这样的大名自然也传到了刘绪的耳朵里，刘绪就想着近朱者赤嘛，要是带儿子多和这位诗僧交流交流，那自己的儿子不也会变得很有文化吗？于是，刘绪只要一逮着机会，就带着刘禹锡来妙喜寺跟皎然见面。

施主，啥时候把家教的费用结一下？

啊！好的，好的，过两天……

小刘禹锡真的是不一般，他每次都是兴致勃勃地跟着父亲来拜访皎然。皎然当时上了年纪，也没什么别的爱好，就爱和另一位叫**灵澈**的高僧，一起写写诗，读读诗，再探讨一下诗歌的奥妙。刘禹锡才刚由他父亲领进诗歌艺术的大门，就遇到了这两位高手。听他们谈论诗歌，小刘禹锡不仅没有厌烦，反而觉得特别有意思。

虽然我听不懂，但我觉得很厉害！

这不，他就经常把眼睛瞪得老大，看这两位诗僧写诗、作诗，竖起耳朵听他们读诗。就这样过了一段时间后，小刘禹锡也开始学着他们的样子，拿起毛笔在纸上写写画画，或者在脑子里构思诗句，然后一脸陶醉和得意地吟上几句诗。

写诗不过如此啦，我已经学有所成了！

妙喜寺呢，平时住着的都是些仿佛脑门上贴着"不准大声喧哗"的僧人，这突然来了个蹦蹦跳跳、爱说话、不认生、不怯场的小孩儿之后，可别说，还真有了不一样的欢快气氛。

不准瞎吵吵

再加上刘禹锡很有教养，特别懂礼貌，而且还很有作诗的天赋，偶尔能冒出两句好诗，这样的小孩，谁不喜欢？那两位诗僧当然也不例外啦。这两位诗僧不光喜欢他，还经常夸奖他。

刘禹锡虽然年纪小，但夸奖他的话可是记得一清二楚，甚至长大后还在文章里提到了这些夸奖的话："**时予方以两髦（máo）执笔砚，陪其吟咏，皆曰孺子可教。**"（当时我拿着毛笔和砚台，陪他们诵读诗文，两位诗僧都说这孩子是可以好好培养教导的。）可见当时刘禹锡有多受欢迎。

表扬的话咱可都记在这里了！

　　人人都渴望得到别人的认可。在被两位诗僧夸奖之后，小刘禹锡对诗歌的兴趣更加浓厚了。他会随身携带小本子，随时请教自己的文人邻居们，一旦发现谁很会写诗，他就像个小尾巴一样跟着人家，人家走到哪儿他就跟到哪儿。别人一看他这样好学，也都乐意教他。刘禹锡的父亲很高兴，看到自己的儿子如此虚心好学，就带他去接触更多的文人。

在这样一种氛围里，刘禹锡慢慢地长大了，从那个摇头晃脑背诗的小孩变成了一个才识过人的少年。不过，人都不可能十全十美。他发现那些跟他从小一起长大的玩伴长得结结实实，好像天塌下来都能撑住一样，只有自己还跟细竹竿似的十分瘦弱。

这可把刘禹锡给打击到了，于是，他给自己又加了一门选修课——养生。这门课他基本上是靠自学完成的。他借来了很多医药方面的书，认认真真地读，勤勤恳恳地做了很多笔记。那些借他书的人看了他做的笔记，对他的勤奋非常佩服。这样一来，刘禹锡勤奋的名声更加传开了。大家都知道他看了很多的书，而且不止诗文方面很厉害，其他方面的知识也懂得不少。

我一定要长肌肉！

一传十、十传百，刘禹锡的名气就传到了当时的淮南节度使**杜佑**（就是诗人杜牧的祖父）耳朵里。杜佑是一位非常爱才的人，他经常在苏州、扬州一带出入，听闻刘禹锡很有天赋，又很勤奋，对他起了兴趣。

机缘巧合之下，他们相遇了。也不知道他们聊了些什么，杜佑兴致高涨，胆子也大，竟然要当时只有十多岁的刘禹锡来给他写一篇呈给皇帝的奏文。

没想到刘禹锡胆子更大，年纪轻轻就敢接下这样的项目，还加班加点地完成了。这篇奏文，也就是《**为淮南杜相公论西戎表**》。咱们选一部分来看看：

臣远祖诗，显名汉代，出牧南阳，谠（dǎng）言善策，随事献纳。忠醇（chún）之至，闻于中外，遗风可袭，有激愚衷。臣是以辄（zhé）竭闻见，粗陈梗概，虽不尽陛下圣明万分之一，然臣子之心，有直必献。

臣的祖先，在汉代名声显耀，当过南阳牧的官，言论正直，善于出谋划策，给朝廷进献了很多策略。十分忠厚朴实，远近闻名，遗留的风气可以承袭，冲击了我的心灵。我依据所见所闻，简单描述一下大概意思，即使不如陛下您圣明的万分之一，然而我的忠心使得我一旦想出了正确的措施就一定要进献。

你看，刘禹锡小小年纪就能写出这样的官方文章，难怪杜佑敢放心地把如此重要的项目交给他了。

同时，因为这篇文章的诞生，刘禹锡的名气在当地到达了一个高峰，他的父亲刘绪也因此下定决心让他去京城参加科举考试。

早知道不加班了，写好了还得考试！

第 二 章
初入仕途

当时刚二十出头的刘禹锡，正是年轻气盛、心怀大志的时候，想要当大官做出一番大事业来造福百姓，而进京赶考又恰好是当官的必经之路。于是，刘禹锡立马高高兴兴地答应了，收拾收拾包袱就朝着长安出发。

儿啊，你忘记带上吃的啦！

长安可真是热闹啊，一眼望去密密麻麻的全是人。刘禹锡粗略扫了一眼，发现这儿街上一大半人是跟自己一样准备参加考试、大展身手的考生，不过他一点儿也不紧张，反而是信心满满，认为自己肯定会脱颖而出。

过了"题海"，还得过"人海"啊！

　　唐德宗贞元九年（793年），考试如期进行，原本熙熙攘攘的考生们全都乖乖进了考场。俗话说，"是骡子是马，拉出来遛遛"，考生有没有本事，上了考场一看便知。有的人抓耳挠腮，一脸痛苦；有的人放弃挣扎，干脆睡觉；还有人停下笔，严肃地思考着。而刘禹锡呢，平日里积累得够够的，知识的闸门一打开，下笔就停不下来，文思如滔滔江水，连绵不绝……

不过就算文思像泉水一样喷涌出来，刘禹锡也还是有些忐忑。这么多考生在一起，指不定就有不少藏龙卧虎，他哪敢打包票自己能够胜出。放榜那天，刘禹锡迎来了他的第一次阶段性胜利——考中进士的名单中赫然出现了他的大名。

啦啦啦，我中啦！

这下刘禹锡心里可轻松了，他不再把目光放在考生上，而是眼珠一转，盯上了长安的风景。恰好**柳宗元**也同期中了进士，于是这两人就结识了，他们和其他中了进士的学生一起高兴地四处游逛。兴致来了，这两人还在长安的慈恩塔上题下了自己的名字。

刻画、涂污或者以其他方式故意损坏国家保护的文物、名胜古迹的属于破坏行为，应当予以处罚。

不过唐朝的官可不是这么好做的，一次成绩哪里算得了数呢？他们至少还得再参加一次考试。但这时，柳宗元接到了父亲去世的消息，他心急得不行，和刘禹锡简单地告别之后立马赶回家奔丧去了。刘禹锡没办法，只能独自参加接下来的考试。幸运的是他再一次考中了，而且还结识了一位新的好友——**李绛**（jiàng），这人可是后来的唐朝宰相啊。

按理说，通过这次考试，刘禹锡就能顺利当官，着手实现自己的远大抱负了。他立即一溜烟儿跑回家跟家

人报告这个好消息！父亲刘绪乐开了花，觉得这孩子可真有本事，就又给他布置了一项新任务——继续考试，考的还是难度很大的**吏部取士科**。当然，考试难度大，通过考试的回报也更高，基本上过了这次考试的人都能有个比较高的官职。

> 我太优秀了，老爸又让我去考试，怎么办？在线等，急！

小贴士

吏部："吏"指文职官员，吏部掌管文官的任免、考课、升降、调动等，长官被称为吏部尚书。

刘禹锡哪里能拒绝呢？再说了，这些考试不都是在为实现自己的远大抱负铺路吗？于是，刘禹锡又一次背上了自己的包袱，踏上了新的考试之旅。由于他的勤奋和天赋，没有意外，这一场号称地狱级别难度的考试，又被他一举攻克了。

这下整个京城都被刘禹锡震惊了。在细数刘禹锡的战绩时，大家发现这位才二十来岁的年轻人在短短三年里，通过了三次大型考试，还从来没"复读"过。这意味着什么？刘禹锡是个百年难得一遇的人才啊！朝廷得赶紧用他，不能埋没人才。这不，刘禹锡考试刚过就被朝廷分配了一个**太子校书**的职位。

小贴士

太子校书主要负责查校、勘正、整理太子官署的典籍，类似于现在的图书编辑。这官虽然不大，但因为是在未来的皇帝——太子身边工作，前途还是很值得期待的。

我老了，你去跟太子混吧！

然而天有不测风云，一道晴天霹雳向刘禹锡猛烈地劈来：父亲刘绪突然去世了！刘禹锡号啕大哭，急急忙忙辞了工作回老家去料理父亲的后事。看着头发都花白了的老母亲，他心疼得不行，就老老实实地在家待着，一边为父亲守孝，一边照顾母亲，一待就是整整三年。

小贴士

按照古代的习俗，父母去世后，子女要守孝三年，在这三年内不得外出做官。

晴天打什么雷啊！讨厌！

不过"是金子总会发光的"，三年一过，刘禹锡就被之前提过的杜佑拉去江淮当**掌书记**，这也是一个类似秘书、私人助理的工作，工资还不错。刘禹锡想了想，父亲去世了，家里的顶梁柱塌了，母亲又年迈，自己是时候脱离舒适区，投奔高薪工作了。于是他就带着老母亲去杜佑那里上班了。不过，这高薪可不是白拿的，刘禹锡一下子比之前忙了很多，而且这工作态度也得积极，于是那段日子里，只要上司杜佑"随叫"，刘禹锡就"随到"。

老板，又有啥事儿啊？

而且，这个工作可不只是写写文章，还得会通过文章看人。有一次，一个叫杨茂卿的小伙子为了向杜佑展示自己的才能，就故意写了些特立独行又语含讽刺的文章，交给杜佑，以显示自己的卓尔不群，赢得求才若渴的杜佑的欣赏。不得不说，杜佑一开始确实被他的文章给唬住了。

特立独行，就是不走寻常路！

　　不过，杨茂卿的如意算盘还是打错了。杜佑拿不准主意，但是他身边还有个随叫随到的刘禹锡啊。刘禹锡一把接过杨茂卿的文章，读过一遍之后，很不屑地对杜佑说："一些平庸的人，总是喜欢讲些过分夸大的话来博得上级的注意。"杨茂卿一听，知道自己被拆穿了，赶忙灰溜溜地走了，连再见都没说一声。

倒霉，怎么偏偏碰到他！

按理说，刘禹锡这份工作做得这么好，就该踏踏实实继续干。但是，当时淮南一带经常有战乱，也不怎么富饶，刘禹锡的老母亲不太习惯这里的生活，就和刘禹锡委婉地提了一嘴。

妈，您是不是想搬家呀！

我最喜欢赏月了，但是这边的月亮不怎么好看啊！

刘禹锡是个孝顺的好孩子，知道了老母亲的心思，他就动了离开的念头。他又想到这样的日子确实是有些太安逸了，不太能有大作为，就鼓起勇气向老板提辞职。杜佑舍不得放人，但他知道刘禹锡确实有苦衷，就只好答应了。

辞呈
世界那么大，我想去看看。世上只有妈妈好，所以我要跳槽了！
——刘禹锡

人才就是人才！刘禹锡前脚辞职告别了伯乐杜佑，后脚就到京兆渭南上任，担任主簿，还碰到了新的伯乐**韦夏卿**。韦夏卿这个人呢，和杜佑一样，都特别欣赏文人的才气。他一听到大名鼎鼎的天才少年刘禹锡跑来他门下，特别高兴，非常重视。刘禹锡心里也很感动，工作也干得格外卖力，谁见了都会夸他一句"模范打工人"。

小贴士

渭南也就是今天的陕西省渭南市，在当时的京城长安的东北面，离长安较近。

公告栏

劳动标兵——刘禹锡

试想想，一个有才华，工作还很认真，又年轻有活力的打工人在你面前，你能忍住不重用吗？这不，刘禹锡就被朝廷内部的人看中，一举推荐他到朝廷里头当监察御史。刘禹锡得知这消息后，心情大好，京城的生活条件好啊，前途也光明。于是，他半点没含糊，立马风风火火收拾行李，拉着老母亲去京城安家了。

哪吒，风火轮借我用用，急着搬家呢！

第 三 章

志同道合

社交大赛

前面讲到刘禹锡先是三次应考，回家守孝，后是两次任职。最终发光发亮被朝廷看中，调到中央做官。按理来说，这样折腾的日子是动荡不安的，但对刘禹锡来说，这其实算得上是非常珍贵的积累人脉的过程。换句话说，就是刘禹锡在这段动荡的日子里化身成了"社交小王子"，交了不少可以起到"朋友多了路好走"的效果的好朋友。

社交大赛

先从哪里开始盘点呢？前面已经讲到，刘禹锡在第一次考试时认识了柳宗元，第二次考试的时候认识了李绛，按照惯例，就该讲讲刘禹锡的第三次考试了。但第三次考试后不久，刘禹锡的父亲去世了，那我们就不提他的伤心事，直接跳到他被杜佑请去当助理的时候吧。

你是怎么认识这么多好朋友的？

考试！

老话说，时间就像海绵里的水，挤挤总是会有的。虽然刘禹锡在杜佑那里忙得脚不沾地，但"社交小王子"决不认输，愣是挤出了一些时间来交朋友。这不，他工作期间认识了自己一直很欣赏的大诗人**李益**，结交了**张登、段平仲**等当时知名的文人。他们经常在一起聚会，喝酒谈心，作诗论文不亦乐乎。

　　喝酒嘛，最好不要贪杯，但是几个好朋友聚在一起，这一高兴，哪能刹得住车呢？结果，大家全都喝得东倒西歪，分不清东西南北了。大概是刘禹锡喝得比较少，又或者是他的酒量比较大，总之，当他醒过来的时候，大家还都躺着不省人事，桌台上的蜡烛也还没有燃尽。刘禹锡睡眼蒙眬中看着这情景，忽然心里一动，来了灵感，当即挥笔写下了一首《**扬州春夜同会水馆夜艾独醒**》：

寂寂独看金烬落，纷纷只见玉山颓。

自羞不是高阳侣，一夜星星骑马回。

金烬（jìn）：灯烛的灰烬。玉山：古代传说里的仙山。

在寂静中看着灯烛燃尽的灰烬掉落，在混乱错杂中看到仙山坠落。我恐怕不是住在这仙人居住的地方，还是连夜照着星光骑马回去吧。

扶我起来，我还能喝

看这首诗，你都不用多读两遍就知道刘禹锡的心情变差了。瞧瞧，这喝酒多"伤身"啊，刘禹锡原本高高兴兴地来参加朋友聚会，结果呢，喝大了之后心情却变得有些抑郁了。不止如此，他还耍小性子呢，你知道这首诗他写在哪儿了吗？写在了他的好朋友段平仲的枕头上，而且他还真的在漫天星光下，骑着马回家了，放到现在，交警去查"酒驾"可真是一查一个准。

小贴士

未成年人请不要喝酒噢！

李白同款酒诚不欺我，后劲儿挺大，我这本来不"愁"都变"愁"了！

不过，这样跟朋友们喝酒耍性子的日子不长，不久后刘禹锡就跳槽到韦夏卿那儿去了。说来也巧，刘禹锡跳槽的时候，柳宗元也被调到韦夏卿管的地方来了。韦夏卿知道柳宗元有才，就把柳宗元留在了身边。这下，刘、柳二人变成了同事。他们时常会面，成了惺惺相惜的好哥俩。

后来呢，刘禹锡因为才能出众，奉调进京，成了中央干部。按理说，刘禹锡来了京城，他那些朋友又没接到朝廷的任职，这回总该孤单一阵了吧。那你就低估"社交小王子"的能力了！刘禹锡刚到长安不久，就认识了大文豪**韩愈**，两人经常碰头讨论文学。又没过多久，柳宗元也被调来长安做官了。从此，这三人就开启了"人从众"模式，几乎天天腻在一起，聊天写诗谈政治，妥妥的"铁三角"！

　　不过，铁也有生锈的一天，这个看起来牢不可破的"铁三角"最终没逃过破裂的命运。具体是怎么回事呢？

是不是掺塑料了啊？

原来啊，这时的京兆尹叫李实，这人也挺欣赏文人才子，尤其看刘禹锡特别顺眼，对他很不错，但是他对老百姓十分苛刻，不是个好官。当时民间闹了饥荒，百姓们个个面黄肌瘦，吃了上顿没下顿。刘禹锡他们三个看到这样的景象，都非常心痛，尤其是韩愈，更是气得不行。但李实才不管百姓的死活呢，在德宗皇帝问起的时候，他还很轻松地回答说："虽然有点儿干旱，但不会影响秋收的。今年收成还不错呢。"

小贴士

京兆尹，古代官名，主管京城及附近地区，相当于现在的首都市长。

德宗皇帝也是个不管事儿的主，再加上平常又很中意李实，就真的相信了他的胡话，没有拿出粮食去赈济灾民。韩愈看到这样的情况，实在忍不了，立马就写了一篇报告，把真实情况告诉德宗皇帝。结果，德宗皇帝看了之后却根本无动于衷，还嫌韩愈啰唆，把他贬了官，打发他到偏远的地方去了。这事用脚趾头想想就知道是李实在德宗皇帝那里使了坏。韩愈气得不行，又想到李实平时很看重刘禹锡，不免就有些怀疑刘禹锡跟李实是一伙的。于是，三人的这段友谊因为这件事而有了裂痕。

他只是我的粉丝。

你跟李实是不是一伙的？

　　虽然韩愈走了，"铁三角"被拆散了，但刘禹锡和柳宗元还得继续在朝廷里待着呢，于是这两个人就走动得更勤了。有一天，柳宗元带了位名叫**吕温**的朋友过来介绍给刘禹锡。没想到柳宗元还没介绍几句，刘禹锡就打断了他的话，然后开开心心地拉着这位新朋友说话。好在柳宗元脾气好，没生气。

　　当时还有个忧国忧民的人叫**李景俭**，也跟他们成了朋友，这四人结成了个小团体，经常在一起谈论天下大事，探讨复兴大唐的办法。慢慢地，这个"四人组"吸引了不少志同道合的人加入，队伍就越来越大，像韦夏卿的弟弟**韦执谊**，还有在太子李诵身边担任侍读的**王叔文**也在其中。在这个时期，刘禹锡的社交朋友圈就基本定型了。

刘禹锡

长安百花时，风景宜轻薄。
无人不沽酒，何处不闻乐？

♥

柳宗元：又被你吟得一首好诗。

韦执谊：写得不错。

王叔文：时局如此，你还有这样的闲情逸致？

刘禹锡回复**王叔文**：偶尔放松一下。

小贴士

　　王叔文，唐代政治家、改革家，是"永贞革新"的主要代表人物。

第四章

永贞革新

在刘禹锡朋友圈定型的同时，朝廷的政治格局也基本定了下来。当时，朝廷里好像有了一条天然的楚河汉界，一边是以李实为代表的**顽固派**，天天想着怎么去忽悠皇帝，怎么能从百姓身上多捞些油水；另一边则是以王叔文、刘禹锡、韦执谊等为代表的**革新派**，他们深深同情身处水深火热、饱受煎熬的百姓们，期待朝廷做出改变。这两派人在台前斗得难解难分，你死我活，而实际上，他们的身后各自都有一个靠山：现任的德宗皇帝和未来的皇帝——太子李诵。

德宗皇帝呢，年纪大了，不爱折腾，就特别宠信李实这些小人，爱听他们编些国家安好的瞎话，听他们吹捧自己的功绩来自欺欺人；而太子李诵呢，到底年轻一些，正是摩拳擦掌、想干大事儿的年纪，他可不愿意像自己的老父亲那样，对国家的情况睁一只眼闭一只眼、只顾自己享受。因此，太子看到那些爱撒谎的小人就不高兴，而是偏爱像王叔文、刘禹锡这样既有远大志向又有真才实学的人才。

说点好话，把我哄高兴了，这个袋子都拿走。

金钱地位

按理说，德宗皇帝支持的这一派应该更厉害，不过德宗皇帝也知道自己年纪大了，担心自己去世后接班人管不好国家，就任由太子提前去培养自己的团队。这样一来，太子的势力也大了起来。于是这两派时不时你压我一头、我高你一头的，谁也不能完全把持朝政，政局倒也还算稳定。

不过，这斗争中的平衡最终还是被打破了。怎么一回事呢？原来，人还在壮年的太子突然中风，不能说话了！

这个消息可让李实这伙人好好高兴了一阵子，觉得自己很快就能赢得斗争的胜利。刘禹锡这边可就惨了，如果太子从此一病不起，那以后朝廷会变成什么样子呢？真不敢想象。

不过他们两人还算不上最在意这件事的人，真要论起来，还是德宗皇帝最紧张。德宗皇帝老了啊，眼见着要在这些美丽的谎言里安安稳稳地退休了，结果自己老早就挑好了的接班人生病了！万一要是有个好歹，今后这个国家该怎么办？这可真是把他急坏了。

这么大了还不让我省心，我就想退个休，我容易吗我！

太子这一病就病了挺长时间。这年过年的时候，皇亲国戚们都跑来皇宫给德宗皇帝磕头，热闹得很。可是太子因为病还没好，就没办法参加这样的聚会，大团圆场面硬生生有了个缺口。德宗皇帝看着属于太子的那个空座位，心里也空荡荡的：太子的这个病啥时候才能好呢？可别让我这个白发人先送黑发人啊。过年再热闹，德宗皇帝也高兴不起来，他越发忧心太子的病情，更担心国家的未来，就这样愁啊愁，自己也病倒了。

这张椅子该交给谁呢？

德宗皇帝生病的消息一传开，就有一堆人围在病床前表示关心。德宗皇帝看这么多人围过来，心里一喜，以为太子也在，就艰难地睁开眼睛仔仔细细地寻了一圈，结果太子还是没能来。所谓期望越大，失望就越大，经这么一折腾，德宗皇帝终于绷不住了，哭得稀里哗啦的。人到了这个节骨眼上，哪里还能受得住这么大的刺激呢？于是，不久后，老皇帝就一命呜呼了。

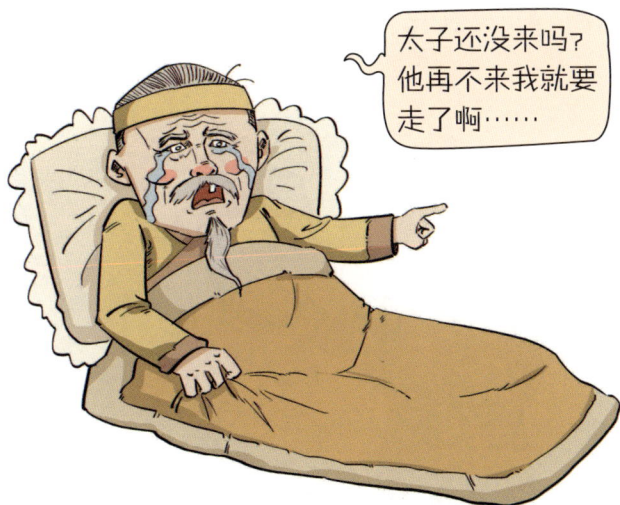

太子还没来吗？
他再不来我就要
走了啊……

听到德宗皇帝驾崩的消息，刘禹锡也非常难过，虽然他不站在德宗皇帝那边，但毕竟他是一国之君。在感慨之余，刘禹锡写下了《**德宗神武孝文皇帝挽歌二首**》，以表达对德宗皇帝的怀念之情。

当然了，太子李诵终于翻身做了主人，肯定会有一番大动作，而且必然会重用一直陪在他身边的王叔文。王叔文呢，也需要帮手，肯定会提携一下自己的，这对刘禹锡来说是个好机会。

王兄，以后我刘禹锡可就靠你啦！

　　事情的发展确实和刘禹锡想的八九不离十。新皇帝顺宗还生着病，不能走正常流程和那些大臣们会面，但国家大事又不能耽误，于是他找了自己比较信任的王叔文来商讨。王叔文受宠若惊，不敢辜负新皇帝的信任。于是，他一碰到比较重大的事情，就跑去跟柳宗元、刘禹锡他们这个小团队里的人商量，毕竟多一个人多一分力量，群策群力嘛。新皇帝也信任这个小团队，所以往往这个小团队做出的决策就等同于皇帝的命令了。

这"鸭梨"也太大了啊！

　　不久，他们这个小团队的人都升职加薪了，像刘禹锡就多了个**崇陵使判官**的兼职。当然，权力最大的还是王叔文。刘禹锡也高兴，自己志同道合的朋友位高权重意味着什么？意味着他们的改革计划就可以实施了啊。尽管当时朝廷里还是有人反对改革，但王叔文二话不说就把这些人降职踢出了朝廷。

不支持改革，那就请走人！

这样一来，上上下下都知道现在是革新派的天下了。那些一门心思想往上爬的人动了动脑筋，把主意打到了刘禹锡身上。他们知道刘禹锡和王叔文关系好，就在刘禹锡家门口排起了长队，有的甚至还在他家门口打了地铺，就想着能和刘禹锡见一面，请他帮忙拉自己一把。

走过路过不要错过，良心出租刘禹锡家门口可以打地铺的空地啦，价格可谈，童叟无欺！

刘禹锡这回可算是春风得意了，所谓人逢喜事精神爽，恰逢牡丹盛开，刘禹锡便起了和大家一块去赏花的心思。不过诗人嘛，眼前看到的花可不仅仅是花。这不，在大家还在惊叹牡丹的美丽时，刘禹锡已经从单纯的赏花活动中抽身出来，写下了《赏牡丹》这首千古名诗。

庭前芍药妖无格，池上芙蕖净少情。
唯有牡丹真国色，花开时节动京城。

芙蕖（qú）：荷花。

庭前的芍药妖娆艳丽，但缺乏格调；池中的荷花清雅洁净，但缺少情韵。只有牡丹才是真正的天姿国色，到了开花的季节引得无数的人来欣赏，惊动了整个京城。

这首诗很明显是刘禹锡把自己或者说把革新派比作国色天香、人人追捧的牡丹，得意劲儿怎么藏也藏不住。毕竟，那时刘禹锡才三十来岁，正是干劲十足的年纪。照刘禹锡在《**和武中丞秋日寄怀简诸僚故**》中所写，他可是满怀"**报国松筠（yún）心**"，现在有了这样好的机会，他还不放手大干一场？于是他一边每天忙着接见各色人物，一边马不停蹄地在这些前来"推销"

自己的人中挑选人才。这样一天连轴转，转得自己头晕目眩也停不下来。按照《云仙杂记》中的记载，刘禹锡当时忙到每天都要回几千封信。

这刘禹锡的流量怎么这么大？

小贴士

松筠：松树和竹子，意思是说一个人的意志像松树和竹子一样刚直挺拔，坚定不移。

讲到这里，就不得不提到一个叫**牛僧孺**的人，这人也是后来影响大唐政治的响当当的人物，唐朝历史上著名的**朋党之争——"牛李党争"**中的牛党领袖就是他。

当牛僧孺还名不见经传的时候，也来找过刘禹锡。

他仗着自己和刘禹锡曾经打过一次交道，就大摇大摆地带上自己写的诗，跑来刘禹锡家让他点评，顺带着叙叙旧。谁知道刘禹锡太忙了，压根没心思看交作品的人是谁，直接扫了两眼之后，唰唰地圈了几处要改的地方就让人家走了。

别说，刘禹锡这看似很敷衍的举动还真有两下子，一下就把牛僧孺写得不太好的地方给圈出来了。牛僧孺觉得丢了面子，就灰溜溜地走了。

你们也别写名字了，反正我没时间看！

虽然刘禹锡忙得连看人的工夫也没有，但他还是想写点什么来记录下自己这时候的风光和昂扬的斗志，于是他抽了点时间作了首《**春日退朝**》：

紫陌夜来雨，南山朝下看。

戟枝迎日动，阁影助松寒。

瑞气转绡縠，游光泛波澜。

御沟新柳色，处处拂归鞍。

绡縠（xiāo hú）：指轻纱之类的丝织品。御沟：指流经宫苑的河道。

夜雨淋湿了京师郊野的道路，站在南山往下看去。弯曲的树枝迎着阳光摆动，阁楼在松树上投下一片阴凉的影子。和煦的春风吹起轻纱，阳光洒在涌动的水面泛起波澜。宫苑周围的河道旁，柳树长出新叶，摇摆着拂过骑马归来人的马鞍。

朋友诚可贵，升官也重要，若为作诗故，两者皆可抛！

总的来说，刘禹锡这段时间因为王叔文掌权的关系过得顺风顺水，春风得意。加上王伾（pī），他们这个以"二王、刘、柳"为核心的团队推出的改革新政也进行得如火如荼（tú）。此时正是永贞年间，因此他们的这次改革被称为"**永贞革新**"。

新政不仅大幅减免了百姓们要缴的租税，还惩治了"五坊小儿"这样的流氓，取消了打着皇帝名义买东西不付钱的小人们发展起来的"宫市"。

小贴士

五坊小儿：对雕坊、鹘（hú）坊、鹞（yào）坊、鹰坊、狗坊这五坊人员的蔑称，他们仗势欺人，被百姓们所厌恶，所以有了这个称号。

还有那个睁眼说瞎话的小人李实也从一呼百应的高官被贬成了芝麻小官。一时之间，新政获得了百姓们无数的好评，刘禹锡他们这个小团队就更加斗志昂扬了。

第五章
仕途受挫

有句老话说得好："树大招风。""二王、刘、柳"团队这么风光，就有很多人眼红嫉妒了。于是一时之间，朝廷上下谣言四起，有的说王叔文有夺权篡位的野心，有的说革新派里的人贪污受贿。总之，团队里的每个人每天都被各种谣言攻击，无一幸免。

他贪污受贿！

他想篡位！

　　不过王叔文、刘禹锡他们自认为"身正不怕影子斜"，莫须有的事情何必去管呢，反正有当今皇帝的支持，那些不怀好心的人再怎么造谣，也动摇不了他们的地位。于是，小团队里的人全都两耳不闻窗外事，化身为工作狂，一门心思扑在新政上，想着早点讨论出下一步的改革方案。有些诋毁新政的人做得实在太过分了，也只是把他们降职调走了事。

当时有个叫**窦群**的人有点看不下去，说这一有人唱反调就把人调走的做派，不就和之前那个小人李实一样吗？于是，他兴冲冲地跑去提醒革新派。革新派的人都很气愤，明明推行新政是一心为了大唐百姓，窦群却把他们和李实这种欺负百姓的小人放在一起比较，这谁能接受啊？他们生了会儿气，然后又继续干实事，不再搭理窦群。窦群看他们油盐不进，再也说不出什么话来，就只好转身走了。

把我和李实放在一起，你在这儿埋汰谁呢？

革新派也没在意这个小插曲，继续琢磨改革的关键。功夫不负有心人，还真被他们找到了，那就是**钱和粮**。金钱与粮食是治国的根本，把握好根本，改革不就成功一半了吗？而盐又刚好是和这两者挂钩的重要一环。王叔文脑子一转，想起刘禹锡的父亲之前做过相关的工作，就给刘禹锡讨了个**屯田员外郎**的官，来了个"子承父业"，把盐政这项工作交给他去做了。

刘禹锡可是之前被朝廷一眼相中的公务员，工作态度和业务能力自然没得挑。但是这项工作毕竟事关重大，稍微不注意就容易得罪人。也不知道他哪里做错了，还是说窦群心胸狭隘，记恨革新派的人不搭理他。总之，刘禹锡刚上任没多久，就被窦群一纸小作文向上级打了小报告。

　　王叔文也是窦群的上级，他看到了窦群的小报告，赶紧问刘禹锡是怎么一回事儿。刘禹锡丈二和尚摸不着头脑，两手一摊表示我什么也不知道啊。王叔文咂摸咂摸嘴，估计着是窦群觉得自己被怠慢了，来报复了，他想来想去觉得窦群是个阻碍，就想像之前对其他人那样直接把他调走。

老铁，我到底哪儿得罪你了？咱就放在明面儿上讲，别动不动告状啊。

但是韦执谊有了不同意见，他觉得窦群虽然打了小报告，但确实是个人才，如果就这样把人调走，影响不好。王叔文的脸肉眼可见地黑了，他缓了缓心情后说，窦群是个人才，但是他打了刘禹锡的小报告，就是对大家伙儿有意见，这样的人留不得。两人拌了几句嘴，最后还是按照王叔文说的办了。不过，这事虽然平息了，但革新派内部埋下了矛盾的种子。

慢慢地，革新派因为作风高调且触犯了藩镇、宦官和大官僚的利益，成了很多人的眼中钉、肉中刺。当时顺宗皇帝的身体还没有康复，大臣们就想，这一国之君总不能是个病秧子啊，还是得早点定下下一任皇帝的人选。对革新派有意见的人一听，觉得这是个扳倒他们的好机会，就想尽一切办法让顺宗皇帝立了长子李纯为太子。

刘禹锡，迟早拔了你！

王叔文心里很慌，再加上太子李纯明显不支持新政，心情就十分不美好。当时有个叫**羊士谔**（è）的人，他听到别人都在说王叔文趁着皇帝身体不适，把朝廷发展成了他的一言堂，一下子情绪上头，什么都还没弄明白，就开始讲王叔文的坏话。

王叔文，虽然不知道你做了啥，但你就是个卑鄙小人！

王叔文知道后气得快要背过去，立马下令要严惩羊士谔，然而韦执谊不同意。这下王叔文可吃了炮仗了，这韦执谊怎么回事儿啊？现在形势明显对我们不利，他还在这儿闹独立呢！当下两个人就大吵特吵，闹得不欢而散。事情传到了刘禹锡和柳宗元耳朵里，两人都很担心，可是又能怎么办呢？他俩还不够资格，哪敢说什么啊，就只能默默地对着天空叹气。

我在感受45度角仰望天空的忧伤。

刘兄，你这是在干吗呢？

韦执谊和王叔文闹了多次之后，就彻底闹掰了。老话说得好，团结就是力量，这革新派的两大巨头闹了别扭，哪还能发挥出力量呢？由此，革新派开始走下坡路了。而且，在这关键时刻，王叔文的母亲去世了，这对本就摇摇欲坠的革新派来说可是致命的打击啊。

友谊的小船说翻就翻！

有多致命呢？母亲的去世会影响王叔文的工作态度都不用提了，按照前边刘禹锡在家守孝三年不让做官的经历来看，王叔文这是要直接停职啊！这下反对新政的人可乐开了花，全都一股脑儿跑来落井下石。革新派原本还有个韦执谊可以兜着，结果两人之前又闹掰了，就只留下刘禹锡和柳宗元等几个官场小白羊，在狼窝里瑟瑟发抖。

全都怪我，不该吵架时吵架！

　　除了落井下石，搞搞小动作，那些反对新政的人干脆直接来了一招"釜底抽薪"——逼迫顺宗皇帝禅位给太子李纯！没办法，顺宗皇帝只能把烂摊子直接甩给了太子李纯，"永贞革新"仅仅持续了一百多天就以失败告终。

　　永贞元年（805年），太子李纯上位，也就是唐宪宗，他可是刘禹锡团队的"黑粉"啊，这下好了，刘禹锡直接成了人形苦瓜，每天都苦哈哈的，饭也吃不香，觉也睡不好，就等着新皇帝找麻烦呢。果不其然，革新派的重要人物全被贬，刘禹锡则是直接被贬到了偏僻的连州去当刺史。

刘禹锡，可算让我逮到你了！

刘禹锡难受啊，原本之前要风得风，要雨得雨的，这一下就成了落魄的赶路人了，一时间心里很不是滋味。途经荆州的时候，他恰好看到一些宋台梁馆陈迹，又想起梁朝的庾（yǔ）信当年离开故土后天天想家的事，一时之间灵感喷涌，写下了《荆门道怀古》这首诗：

南国山川旧帝畿，宋台梁馆尚依稀。

马嘶古道行人歇，麦秀空城野雉飞。

风吹落叶填宫井，火入荒陵化宝衣。

徒使词臣庾开府，咸阳终日苦思归。

帝畿（jī）：畿，指都城附近的地方，也叫京畿。宋台梁馆：指的是梁元帝时代的各种建筑物。麦秀：指商朝旧臣箕子所作的《麦秀歌》，诗歌抒发了对殷纣王不听劝谏，反而加害忠良的痛苦、愤懑心情。用在此处，表现了作者对当朝统治者的悲愤。野雉（zhì）：野鸡。庚开府：即庚信，他在西魏当官之后所作的《拟咏怀》和《哀江南赋》都充满了对故土沦丧的悲痛和思念家乡的感情，所以说他"思归"。

　　荆州的山川过去曾是帝畿，宋台梁馆还遗留着一些陈迹。古树下马儿嘶鸣，行人停歇，空城里庄稼遍地，野鸡也四处乱飞。寒风吹落树叶填平官井，野火烧进荒陵，焚毁了珍贵的宝衣。只让留在北方的庚信，在咸阳整日苦苦思念家乡。

我为什么要这么有文化？为什么要记得这些？这不是让我更难过吗！

诗作完之后，他想起了韩愈，当初韩愈也被贬来了连州这边，说不定还能见上一面呢。感叹了两句后，刘禹锡又继续赶路。时间过得很快，不久后，刘禹锡就到了江陵。江陵挺大，也挺热闹，适合歇脚，这不，刘禹锡就下了马，准备下馆子吃顿好的，休息一下，恢复体力。

说来也是巧，刘禹锡还以为要到连州才能碰见韩愈呢，结果在江陵碰见了。两个人一碰面，都是惊喜得不得了，且经过一番交流，韩愈明白了当初自己被贬与刘禹锡、柳宗元没有一点儿关系，心情一下子就畅快了。刚好路上碰到一个酒馆，韩愈就拉着刘禹锡进去喝酒。两个人打开了话匣子，就着几碗酒了解彼此的情况。

兄弟，今夜咱们不醉不归！

光喝酒聊天还差点意思，文人嘛，总得来点不一样的。韩愈就问刘禹锡认不认识窦庠（xiáng），刘禹锡一笑，回答说："当然了，他哥哥窦群还打过我的小报告呢。"韩愈尴尬地挠了挠头，索性直接切入正题："之前窦庠喊我一起去岳阳楼玩，告别的时候，我给他写了首诗，他当场和了一首，今天你也能和一首吗？"

……

不好意思啊，刘兄，我真是哪壶不开提哪壶！

刘禹锡的好胜心一下被激起来了，就让韩愈把他们的诗先拿来看看。韩愈二话不说，得意扬扬地把诗给他看。刘禹锡一看，韩愈的诗还挺长，有一百来行，是首五言诗，而窦庠和的诗大概是四十行。

刘禹锡一笑，想了一会儿，挥笔写了一首一百来行的五言诗《**韩十八侍御见示岳阳楼别窦司直诗因令属和重以自述故足成六十二韵**》：

楚望何苍然，曾澜七百里。

孤城寄远目，一写无穷已。

荡漾浮天盖，四环宣地理。

积涨在三秋，混成非一水。

……

楚地的山川苍苍茫茫，如波浪般延绵了七百里。站上孤城向远处眺望，想要写下的文字无穷无尽。荡漾的水面倒映着天空的浮云，四周山势环绕。秋天时，这些河流中的水盈满高涨，混合汇聚到了一起。

……

瞧不起谁呢，分分钟完事儿！

韩愈一看，大为惊喜，刘禹锡的诗不仅符合韵律要求，还从另一个角度描写了岳阳楼的景色，很有特色。文人之间果然还是比比才情更令人舒坦，两人都为这次的交流切磋感到高兴。然而，快乐的时光总是短暂的，刘禹锡还得重新上路，两个人依依不舍，只能互道一句保重。

上天，你没有心，非让我和刘兄分开！

刘禹锡告别了韩愈，惆怅地独自踏上去连州的路。没想到，他在这时，接到了宪宗皇帝的命令，说让他改去朗州当司马，革新派的其他人也都做了些变动。刘禹锡感到莫名其妙，这又是哪儿惹着这个新皇帝了？司马比刺史的权力要小，这不是相当于再一次变相贬谪吗？但是没办法，刘禹锡只能临时改了目的地，赶往朗州。

第 六 章

朗州岁月

这一年，朗州洪水泛滥成灾，百姓们满眼都是泪花，不知道有多少人失去了自己的亲人。刘禹锡到朗州时，洪水已经过去，他看到当地到处都是灾后的痕迹，心情再次坠入了谷底。他想起年少时读过的《楚辞》，屈原也曾被流放到这里，如今亲身经历，他好像越发能体会屈原当时的心情了。

　　心情不好并不是首要问题，如何快速地融入这片土地才是最要紧的。刘禹锡来到这里之前，虽然算不上是养尊处优，但好歹也一直生活在较为繁华富裕的地方，

猛地一下被贬到这片蛮荒之地，还真有些不适应。他在当地考察了很久，最后选择了一块邻近招屈亭、风景优美的地方安下了家，算是顺利地在朗州落了脚。

虽然当的是个没什么实权的小官，但毕竟衣食住行都还有着落，所以刘禹锡每天要么在家查找资料，要么外出走访百姓，抓紧时间了解这里的社情民意。他还挥挥笔杆子，删删改改，写下了一首自认为比较满意的长诗——**《武陵书怀五十韵》**。

大爷，再跟我讲讲这边的八卦吧！

　　刘禹锡在朗州的生活逐渐稳定，工作也渐渐步入正轨。但是，当他刚刚安定一点的时候，坏消息又来了，支持革新的顺宗太上皇驾崩了！这对刘禹锡来说，是个不小的打击，意味着想要再推行新政已经不可能了。不过，朝廷里马上又传来了宪宗皇帝要大赦的消息，说不定刘禹锡也能被宗宪皇帝赦免，回到京城去。这年是元和元年（806年），刘禹锡才三十五岁，正当壮年，正是建功立业的好年纪，哪里能安心待在偏远的朗州呢？他就满怀期待地找当时还在京城当官的前老板杜佑，然而，得到的却是革新派的人都不在这次赦免名单中的消息。

刘禹锡明白了，宪宗皇帝这是铁了心要打倒革新派，也就慢慢歇了回京的心思，安安心心地待在朗州。刘禹锡是从京城来的，一时半会儿听不懂这边老百姓讲的方言，而且朗州人烟稀少，要找百姓把民生情况了解清楚并不轻松。更令人崩溃的是，没两年这边又闹起了旱灾。面对朗州百姓们水深火热的生活状态，无计可施的刘禹锡被深深刺痛了，他甚至变得有些自闭。幸好朝廷里派来的主政官员还比较能干，他比较成功地安抚了当地百姓，这也让刘禹锡稍稍心安。

不过，刘禹锡官小，手头没什么权力，也没什么重要的事情安排给他干，无法施展自己的理政才华。刘禹锡闲得没事儿干，心里又不痛快，索性一头扎进诗歌的怀抱里，开辟了广阔的"写诗新大陆"。而且朗州这个地方简直是刘禹锡的灵感源泉，偶尔出去转一转，看看风景，就能让饱受贬谪之苦的刘禹锡有感而发。

比如说，有一次刘禹锡高高兴兴地骑着马出去兜风，结果秋风呼呼地刮，刮得刘禹锡想起了阮籍（西晋时期的名士，"竹林七贤"之一），于是他就着呼呼吹的秋风，学着阮籍的《咏怀》，作出了**《学阮公体》**，而且一首还不够，刘禹锡足足写了三首。

其一

少年负志气，信道不从时。

只言绳自直，安知室可欺？

百胜难虑敌，三折乃良医。

人生不失意，焉能慕知己？

其二

朔风悲老骥，秋霜动鸷禽。

出门有远道，平野多层阴。

灭没驰绝塞，振迅拂华林。

不因感衰节，安能激壮心。

其三

昔贤多使气，忧国不谋身。

目览千载事，心交上古人。

侯门有仁义，灵台多苦辛。

不学腰如磬，徒使甑生尘。

鸷（zhì）禽：猛禽。磬（qìng）：一种古代乐器，用玉或石做成，形状弯曲。甑（zèng）：一种古代炊具。

其一

我年少时就有远大的抱负，向来信奉正道不与世俗同流合污。只知道法度要像绳一样自然伸直，哪里知道搞阴谋的人卑鄙恶毒？百战百胜不一定能认清对手，多次折臂却可以学到一些医术。如果一个人没有失意过，又哪能认清自己的不足呢？

其二

飒飒的秋风让老去的良马感到悲愤，冷冷的秋霜触动了飞翔的猛禽。老马要想驰骋，哪里会怕路途遥远；猛禽要想翱翔，怎么会怕天空的阴云。奔驰的老马消失在边塞尽头，奋飞的猛禽掠过繁茂的树林。如果不是有感于深秋的到来，我怎么能够激起壮志雄心？

其三

古代先贤都坚守着正直的气节，忧国忧民从来不想着谋求自身利益。我浏览历史搜求前贤事迹，心中和他们相交。侯门哪有什么仁义，心中不知有多少苦辛。我不学那种弯腰弯得像磐一样的人，哪怕我甑里生尘，一贫如洗。

从这三首诗里我们能看出刘禹锡没有被自己的贬谪经历所打倒，他一直心怀大志，坚守着高尚的气节。

刘禹锡在朗州就这样四处晃悠，偶尔写写诗，日子过得倒也清闲。有一天，一名快递小哥突然光临，给他送来了一个巨无霸包裹。刘禹锡一愣，完全不知道这是个啥，奈何小哥等刘禹锡签收后飞速跑去送下一单了。刘禹锡只好怀着忐忑的心情拆开这个包裹，打开一看，竟然是**白居易**寄来的一百篇诗！

当然！

亲，记得五星好评噢。

小贴士

白居易，唐代伟大的现实主义诗人，有"诗魔"之称，代表作有《长恨歌》《琵琶行》等。他与刘禹锡并称"刘白"。

说来也怪，其实刘禹锡和白居易从前并不熟识，甚至没见过面，但两人一直互相欣赏彼此的才华，而且白居易也为刘禹锡因参与新政被贬的事感到愤愤不平。白居易这一百篇诗来得也正是时候，刘禹锡正无聊呢，刚好可以拿来解解闷，于是迫不及待地读起来。

这一读就一发不可收，刘禹锡从白天读到了深夜，丝毫没有犯困的意思，反而兴奋异常，灵感迸发，当即写下了一首七律《**翰林白二十二学士见寄诗一百篇因以答贶**》。

> 吟君遗我百篇诗，使我独坐形神驰。
>
> 玉琴清夜人不语，琪树春朝风正吹。
>
> **郢人斤斫无痕迹，仙人衣裳弃刀尺。**
>
> 世人方内欲相寻，行尽四维无处觅。

答贶（kuàng）：回报赐予，也指回答赐书。琪（qí）树：仙境中的玉树。郢（yǐng）人斤斫（zhuó）：匠石挥斧削去郢人涂在鼻翼上的白粉，而不伤其人。比喻纯熟、高巧的技艺。仙人衣裳：指仙人的衣服，比喻诗文自然浑成。

我吟读你送来的一百篇诗，这些诗使我独自坐着，心驰神往。仿佛高雅的琴声在清静的夜晚响起，好似仙境中的玉树被春风吹拂。如同郢人斤斫般不见多余痕迹，就像仙人不用刀尺做成的衣服，没有一点瑕疵。世人想去找寻，哪怕走遍四海也找不到这样好的。

眼睛瞪得像铜铃。

看看这首诗，我们就知道刘禹锡已经被白居易写诗的才华惊艳到了。不过，文人嘛，越佩服对方的才华，反而越发想要和对方较量一下。于是，刘禹锡呼呼大睡了一觉，醒了以后又仔细读了读自己写的诗，再三确认没有要修改的地方了，就跑到驿站给白居易寄诗去了。

好小子，写得不错嘛，我倒要和你比比谁更厉害！

寄完了诗，刘禹锡脑子转了转，他想到，白居易每天上班累得要命，下班了竟然还这么勤勤恳恳地写诗，这也太令人佩服了。而自己每天闲得发慌，在这儿虚度光阴，实在是有些过分了，自己应该趁着有空，多写写诗才对呢。于是，经过了这一番打鸡血似的自我激励后，刘禹锡越发勤奋地写诗了。

时间过得很快，寒来暑往，冬去春来，又是一年春天，到处长出了绿绿的新芽，鸟儿站在枝头咿（yī）咿呀呀地鸣叫，百姓们开始耕种劳作，到处一片欣欣向荣的景象。到了五月份，朗州有竞渡（相当于现在的赛龙舟）活动。这一天，沅（yuán）江边的船只全被洗得干干净净。来参加竞渡的小伙子们也个个身强体壮，全都摩拳擦掌，预备以这样独特的方式来祭奠逝去的屈原。

　　刘禹锡就住在招屈亭附近，这样的热闹他自然不会错过。他站在江边看着竞渡的景象，听着小伙子们吆喝的声音，这一切对他来说都很新鲜。不过，小伙子们吆喝的是什么，他就不太听得懂了，只能根据以前看过的书文记载，猜测他们喊的是"何在"，是呼唤屈原的意思。

大家坚持住，再划快一点，刘禹锡长官瞧着呢！

这场比赛持续时间很长，一直到太阳下山的时候。比赛结束后，人群渐渐散去。刘禹锡望着沅江的水流和岸边的招屈亭，诗兴大发，写下了一首《**竞渡曲**》。他在诗中对竞渡场面进行了绘声绘色的描写，同时借景抒情，抒发了"**曲终人散空愁暮**"的惆怅感。

时间就在刘禹锡重新振作又继续惆怅的日子里悄然流逝，转眼间就到了秋天。朗州的秋天也挺有意思的，这边有一个湖泊叫白马湖，白马湖里生长着很多独特的

紫菱。于是一到这个时候，许多小姑娘就慢悠悠地划着船，在湖里四处采菱。偶尔她们也比比赛，看谁采得多，但她们比起赛来可不像那些年轻力壮的小伙子一样咋咋呼呼的，而是温温柔柔地喊两声，然后各自采着。

刘禹锡赶了赛龙舟的趟之后又来赶采菱的趟了。眼前的景象是如此岁月静好，刘禹锡不禁痴迷了。他欣赏着这样的美景，总有些似曾相识的感觉，思考一会儿后恍然大悟，这不正和《诗经》中《芣苢》（fú yǐ）的景象类似吗？

刘禹锡瞬间有了灵感，回家之后，立刻写下了《**采菱行**》一诗。接下来，刘禹锡又继续四处闲逛，收集灵感，写下了很多反映民风民俗的诗。

老是在家看电视怎么行？还是要出门看看世界有多大啊！

第七章

有情之人

在这样写诗采民风的日子里，刘禹锡总算找到了精神寄托。他的床边全是书籍，白天认认真真上班，晚上就常常在书海里遨游。远在永州的柳宗元知道了，就千里迢迢寄了封信过来，跟刘禹锡一起探讨文学。不久后，韩愈也加入了进来，三人再一次联合，组成了文学上的"铁三角"。

当时，韩愈将自己对于"天"的思考告诉了柳宗元，柳宗元总觉得哪儿不对劲儿，又说不出来，就当了回中介，把韩愈的观点告诉了刘禹锡。这可正中刘禹锡下怀，他正好对这个问题有很多见解，就梳理梳理，一

鼓作气写下了《**天论**》上、中、下三篇寄了过去。柳宗元读了《天论》，觉得豁然开朗，立刻回了封信表示赞同。刘禹锡这会儿就得意起来了：在哲学这方面，自己似乎比韩愈略高一筹啊。

时间就在这三人暗暗的较量中悄然流逝。这时，京城忽然传来了一个重磅消息：原先革新派中一起被贬的郴（chēn）州司马程异经人引荐被调回朝中当官了。刘禹锡的心里掀起了轩然大波，这意味着什么？意味着新皇帝已经能够容许革新派的人出现在他的眼皮子底下了！如果自己找到合适的人引荐，那说不定也有可能回到京城啊！

你真舍得抛弃我？

京城

朗州

　　可别看刘禹锡现在好像挺适应朗州的生活，但他心里其实一直都想着有朝一日能回到京城，再次实现自己革新的目标，不然他也不会在被贬朗州期间，在大多数文人都觉得悲伤萧瑟的秋天里，写下别具一格的《**秋词二首**》。

其一

自古逢秋悲寂寥，我言秋日胜春朝。

晴空一鹤排云上，便引诗情到碧霄。

其二

山明水净夜来霜，数树深红出浅黄。

试上高楼清入骨，岂如春色嗾人狂。

排云：推开白云。深红：指红叶。浅黄：指枯叶。

嗾（sǒu）：口中发出声音使唤狗，在这里是"使"的意思。

其一

自古以来，文人到了秋天都悲叹萧条寂寥，我却说秋天远远胜过春天。秋日天高气爽，晴空万里。一只仙鹤推开云层直冲云霄，引发了我的诗情飞向万里晴空。

其二

山明水净，夜晚已经有了霜。树林中，有几棵树的叶片成了红色，在浅黄色的枯叶中格外显眼。登上高楼，四周的环境清凉入骨，哪像春色那样使人发狂。

你看，在刘禹锡的眼里，花草凋零的秋天竟然呈现出如此**清新美丽**的景色，他还直言，这比万物复苏的春天还要吸引人。在诗里，他**以"鹤"自喻**，想象着自己飞上九霄云外的情景，可见仕途受挫并没有浇灭他对生活和官场的热情。

他跟妻子薛氏分享新诗时，也跟妻子表达了自己仍想回京城的意思。薛氏当然是赞成的，她想起自己的父亲和现在受宠的宦官头头关系不错，就劝刘禹锡去走动走动。

然而，宦官头头可是革新派的死对头啊，去求老丈人救济已经够丢人了，怎么还能去求自己的死对头呢？

刘禹锡坚定地拒绝了。薛氏见劝不动，只好垂头丧气地走了。刘禹锡望着妻子的背影，十分心疼：她这么积极地帮自己想对策，肯定是很想回京城的，在朗州这偏远的地方确实让她受苦了。他心里很焦灼，又实在不想去求自己的死对头，只好绞尽脑汁地思考能够帮忙的合适人选。

夫人不高兴，我要遭殃了……

最终，刘禹锡想到了**李吉甫**。李吉甫是当时的宰相，而且一直以来都很重视人才，从他这儿下手比较好。于是他马上给李吉甫写了封信，然后拜托程异送过去。为了保证事情顺利，他还写了首《**咏古二首有所寄**》给程异，里头特意写到"**一朝复得幸，应知失意人**"，意在提醒程异，你回京后可不要忘了之前一起被贬的好朋友们。

　　程异人精儿似的，满口答应，麻溜地把信送了过去。李吉甫看到这封信后，确实是动了起用刘禹锡的心思，但官场复杂，他也有所忌惮，就想让刘禹锡先去写诗讨好一下昔日的对头武元衡，再等消息。刘禹锡才不指望自己的对头能待见自己呢，就敷衍地写了首诗过去，然后乖乖地做自己的司马小官，继续等李吉甫的消息。

小贴士

　　武元衡，唐代政治家、诗人，深受宪宗皇帝喜爱，曾担任宰相，站在刘禹锡等改革派的对立面。

在这期间，刘禹锡得知好友**元稹**也被贬了。刘禹锡大吃一惊，一打听才知道是朝廷里的宦官在瞎蹦跶，害了元稹。他知道元稹心里肯定很委屈，当即写了一首**《赠元九侍御文石枕以诗奖之》**，并挑了一块上好的文石枕给元稹寄了过去。

文章似锦气如虹，宜荐华簪绿殿中。

纵使凉飙生旦夕，犹堪拂拭愈头风。

飙（biāo）：暴风，狂风。

文章像锦缎一样典雅艳丽，像彩虹一样精神高昂、大气宏伟，要当作珍贵的发簪一样保存在宫殿中。即使早晨和晚上已经起了狂风，这样优秀的诗文仍然能够抚慰我。

可恶的小人，害了我不够，还要害我好兄弟元稹！

元稹，唐朝大臣、诗人、文学家，与白居易共同提倡"新乐府运动"，后世称两人为"元白"。

从这首诗里我们能看出刘禹锡和元稹是真正的好兄弟，他对元稹才华的肯定和对他遭遇的同情都展现得淋漓尽致，这怎么能叫元稹不感动呢？于是元稹也立刻给刘禹锡回了一首诗，还给刘禹锡挑选了一条贵重的马鞭作为回礼。刘禹锡收到回诗和礼物时，更加为元稹感到惋惜，明明自己的好兄弟如此重情重义又如此有才华，却被朝廷里的小人诬陷而落得这样的下场。他心里难过，却也只能再写下一首《**酬元九侍御赠璧竹鞭长句**》来回应元稹。

碧玉孤根生在林，美人相赠比双金。

初开郢客缄封后，想见巴山冰雪深。

多节本怀端直性，露青犹有岁寒心。

何时策马同归去，关树扶疏敲镫吟。

酬：酬唱，以诗词相互赠答唱和。碧玉孤根：均指竹。美人：指贤人。郢（yǐng）客：指元稹。缄（jiān）：捆束箱笼的绳子。扶疏：枝叶繁茂。镫（dèng）：挂在马鞍两旁的铁制脚踏。

　　绿如碧玉的孤竹生在深林，贤德的人将它制成的竹鞭赠送给我，胜过万两黄金。我一打开郢客的缄封之后，立刻想到巴山那厚厚的白雪。鞭上的竹节有着端直的性情，遍体露青就像有着松柏历经严寒也不凋零的志气。我们何时才能一起策马归去，在枝繁叶茂的关中树下敲镫高吟？

别回信了好兄弟，我快要想不出好诗了！

你看，好兄弟感情就是这么深，就算彼此都处于艰难的境地，还是时时刻刻想着策马归去，一同奋斗拼搏。然而就算已经这么艰难了，刘禹锡的噩梦之旅还是没有结束。在刘禹锡乖乖做司马等消息的这段日子里，又发生了两件让他痛哭不已的事。

第一件事是自己的好兄弟吕温的离世。刘禹锡简直难以置信，然而事实摆在他眼前，容不得他不信。于是他只能大哭一场，并为吕温写下了一首名为《**哭吕衡州时予方谪居**》的哀悼诗。

一夜霜风凋玉芝，苍生望绝士林悲。
空怀济世安人略，不见男婚女嫁时。
遗草一函归太史，旅坟三尺近要离。
朔方徙岁行当满，欲为君刊第二碑。

一夜之间，西风吹凋了玉芝，老百姓绝望，文士们伤悲。你徒然怀抱治世安民的才略，却没有看见儿女们嫁娶时刻的到来。你留下的一套文稿，应该交给太史收藏；你葬在异乡的孤坟，应该同要离之墓并排。我的贬谪岁月终有到头之日，那时，我要为你重新刻写一块丰碑。

开什么玩笑！不传谣不信谣，吕温正当壮年怎么可能去世呢？

你看，这首诗将刘禹锡悲痛的心情展现得淋漓尽致。然而还没等他平复好自己的情绪，第二件事又降临了——第二年，刘禹锡的妻子薛氏去世了。这让刘禹锡遭受了更大的打击，尤其是当他看着眼前三个还不到十岁的孩子时，心里更是崩溃。在这一段时间里，他长出了不少白发，整个人消瘦了很多。他知道自己应该振作起来，但又实在找不到什么排解情绪的好法子，只好把悲伤都转移到诗歌创作上来。于是，他写下了让人读了忍不住掉泪的《伤往赋》，还作了**《谪居悼往二首》**来悼念薛氏。

爸爸，妈妈去哪儿了？

其一

邑邑何邑邑，长沙地卑湿。

楼上见春多，花前恨风急。

猿愁肠断叫，鹤病翘趾立。

牛衣独自眠，谁哀仲卿泣？

其二

郁郁何郁郁，长安远如日。

终日念乡关，燕来鸿复还。

潘岳岁寒思，屈平憔悴颜。

殷勤望归路，无雨即登山。

邑邑：忧郁的样子。卑湿：（地势）低洼而潮湿。牛衣：用麻或草织的给牛保暖的护被。潘岳：指西晋文学家潘安，他用情至深，在妻子杨氏去世一年后，为她作了三首《悼亡诗》。

其一

心情忧郁啊，长沙地处低洼，气候潮湿。登楼看到多处春天的景色，不禁抱怨大风吹落了花儿。猿猴哀号着仿佛肝肠寸断，带病的鹤翘着脚趾艰难地站立。只能自己安慰自己入睡，有谁可怜这个悲伤落泪的重情之人呢？

其二

心情愁闷啊，长安就像太阳一样远在天边。我每天想念家乡，燕子和大雁随着季节来往于南方和北方。潘岳在岁寒之时思念亡妻，屈原为国家心力交瘁。多次远望归去的道路，在无雨的日子里登山远眺。

看看这两首诗，就知道刘禹锡对于妻子的离世究竟有多么悲伤了。然而日子还得咬着牙过下去。为了还未成年的孩子和自己的未来，刘禹锡想了一切法子申请调回京城。前面不是说到刘禹锡联系了老上级杜佑吗？所谓念念不忘，必有回响，这不，杜佑给他带来了好消息，他在回信中说答应帮刘禹锡留意一下朝廷的工作机会。这下，刘禹锡头顶上积攒的乌云总算散开了一些。

你再等等，我帮你找找机会。

刘禹锡立马又动笔写了封信送过去，然而这封信还没送到，就传来了杜佑去世的消息。刘禹锡再一次陷入了深深的悲伤之中，常常感到寂寞和难过，被头顶的乌云压得快要喘不过气来。

好在乌云也有打盹的时候，偶尔也给刘禹锡漏一点阳光。这天，刘禹锡迎来了一位友人——窦常。大家可能会纳闷，这窦常是谁啊？没听说过啊。先别急，前面不是提过跟刘禹锡闹掰了的窦群吗？还顺带提了一嘴窦群的一个弟弟窦庠，这窦常就是窦群的一个哥哥。大家可能又急了，把对头的哥哥调过来算什么好事啊？说来挺奇妙，刘禹锡和窦常关系还挺好，两人早在刘禹锡还在杜佑手下做事那会儿就认识了，这窦常不像窦群那么讨人厌，经常和刘禹锡讨论诗歌。所以他这回调过来，还真让刘禹锡的心情恢复了些。

> 只要你不变得和你那个讨人厌的弟弟一样，我们就能当一辈子的好兄弟。

不过紧接着来了一个"惊喜"。这不，有一天刘禹锡正抄诗呢，门口突然传来咚咚的敲门声，一打开，好家伙，竟然是满脸堆笑的窦群！刘禹锡难以置信，马上想关上门重新打开一回，但窦群先发制人，用脚抵住了门，说道："最近还好吗？我今天是特地来找你玩儿的。"伸手不打笑脸人，刘禹锡只好把门打开，将窦群迎了进去。

房间里起先有些沉闷，气氛也比较尴尬，但没有了以往两人之间那种针锋相对的感觉。最后还是窦群先开了口，他直说自己也被贬了，路过朗州就顺便来见见兄长和刘禹锡，还解释自己当初对刘禹锡他们的新政也不是全盘反对，他还提拔过革新派里的吕温呢。说着说着，窦群的眼眶就有些红了，当初两人多威风啊，现在却都成了这副模样。

刘禹锡心里也难受，越想越觉得当初吵得那么凶有什么必要呢，大家都是为了国家，为了百姓，又都没有私心。窦群也是这个意思，房间里的气氛马上变得和谐起来。最终两人握手言和了，刘禹锡甚至答应给窦群写篇文章。之后，俩人的关系越变越好，窦群去了贬谪的地方后，还对刘禹锡念念不忘，让人送了首诗过来，而刘禹锡也高高兴兴回了首诗过去。然而，噩耗传来，窦群不久也去世了。

来啊，让我一次哭个够！

所谓"阳光总在风雨后"，经历了这九九八十一次打击之后，刘禹锡总算迎来了些甜头——他接到了朝廷的诏令，让他以及其他革新派人士即刻赶往京城。这下刘禹锡兴奋了，在床上翻来覆去睡不着觉，他才四十来岁，还可以为朝廷奋斗很久呢，这下总算有机会了。

高兴归高兴，刘禹锡想到即将离开生活了这么久的朗州，又泛起了一丝不舍。为此，他还红着眼睛写了一篇长长的《谪九年赋》来表达自己对朗州这片土地的不舍。但朗州再好，也比不上京城啊，最后，刘禹锡还是收拾好心情，跨上马往京城赶去了。

第八章

再遭贬谪

去京城的路很长，但刘禹锡丝毫不觉得难熬，很快就到了长安近郊的都亭。这时刚好下着大雨，刘禹锡原本似箭的归心忽然停止了沸腾：反正京城就在眼前了，何必急在一时呢？于是他停下马准备在这儿休息一下。

亭外雨声滴答滴答，滴在了刘禹锡的心上。回想起这些年的辛酸苦辣，又想到昔日的好友即将团聚，刘禹锡诗兴大发，写下了一首《**元和甲午岁诏书尽征江湘逐客余自武陵赴京宿于都亭有怀续来诸君子**》：

雷雨江山起卧龙，武陵樵客蹑仙踪。

十年楚水枫林下，今夜初闻长乐钟。

樵（qiáo）客：出门打柴割草的人。蹑（niè）：踩。楚水：泛指古楚地的江河湖泽。

雷霆大雨惊醒隐卧的巨龙，武陵的打柴人误入仙境。在楚地度过了十年的光景，今天晚上才听到愉悦的钟乐声。

也不是我半夜想写诗啊，实在是这雨水漏进来，我没法儿睡觉啊……

　　看看这首诗就知道，刘禹锡苦尽甘来正高兴着呢。有人可能会问为什么京城突然下诏令让刘禹锡回京，其实宪宗皇帝把革新派流放了近十年，早就想过把他们召回来了，一直是和刘禹锡他们结了仇的武元衡等人从中阻挠。前面提到刘禹锡的许多好友都去世了，这其中就有不少是像杜佑一样身居高位的人。朝廷里职位空缺，正是急需人才的时候，武元衡哪里还敢使绊子呢。而且，这朝廷里边的形势可算是变了样了，除了武元衡对刘禹锡没什么好感，其余的人可大都对刘禹锡印象不错呢。

要人才就想到我们了，早干吗去了！

记什么仇啊，快来吧你！

革新派里的好友们也基本上到齐了，刘禹锡又找回了当初的状态。这长安啊，他也有将近十年没好好逛上一逛了。于是，趁着大好春光，刘禹锡就组了个局，邀上几位好友，开开心心地去了著名的玄都观，一边观赏桃花，一边饮酒聊天。桃花美呀，美得让刘禹锡心醉。他拍拍脑袋想着，这么美的桃花以前咋没见过，看来是自己不在长安的这十年里长出来的，一时之间有些感慨，就感慨出了一首**《元和十年自朗州承召至京戏赠看花诸君子》**：

紫陌红尘拂面来，无人不道看花回。

玄都观里桃千树，尽是刘郎去后栽。

京城繁华的道路上尘土扑面飞来，人们都说是刚刚看花回来。玄都观里有上千株桃树，全是在我离开京城后栽的。

我再说一遍，我没有出家当道士。"玄都观里桃千树，尽是刘郎去后栽"的"去"指的是"我离开长安"，不是说"我去玄都观出家"。

俗话说，好酒不怕巷子深，刘禹锡这诗写得好，一下就在京城传开了。但是这好酒也得碰上对的人才喝得出好滋味来，在那些对刘禹锡恨得牙痒痒的人眼里，这可是一坛毒酒，毒得他们抓心挠肝的，恨不得从鸡蛋里挑出骨头，从这诗里找出点刘禹锡的毛病来。那些人就死死揪住**"玄都观里桃千树，尽是刘郎去后栽"**这两句来过度解读，编些莫须有的含义来污蔑刘禹锡。

柳兄，鼻子要不要这么灵啊。

是你的酒太香。别小气，借我喝一口！

这朝廷里的人，虽说对刘禹锡几乎是一边倒地有好感，但还有个武元衡呢，于是那些不怀好意的人就跑到武元衡那儿告状去了。武元衡也知道这首诗，还读了好几遍，没觉得有什么不对的地方，结果人一跑来告状，武元衡再看这首诗就越看越不对劲：什么叫桃树全是在你刘禹锡走后栽起来的？你这意思是，朝廷里的官员都是在你走后才上位的吧！这也太狂妄了！得叫人把他喊来教训一顿。

> 好小子，一回来就敢得罪我，有你好果子吃的！

> 紫陌红尘拂面来
> 无人不道看花回
> 玄都观里桃千树
> 尽是刘郎去后栽
> 刘禹锡

　　刘禹锡这边纳闷着呢，好端端的，武元衡叫自己干吗？不过他又高兴起来，想着肯定是诗写得太好了，喊过去受表扬呢。于是他蹬蹬蹬跑到武元衡家里去了。武元衡到底是大官，就算心里对刘禹锡很反感，也还是端着一副好脸色和刘禹锡寒暄，过了许久才切入正题。

抢什么抢？是借，我赶去领表扬呢，马上还你！

把我风火轮抢走干吗？

　　他对刘禹锡说：“你最近是不是写了首新诗啊？”刘禹锡一喜，果然是要夸自己啊，连忙说：“是啊是啊！”武元衡话锋一转，说：“你这首诗可能会给你带来麻烦，你要怎么办呢？”刘禹锡丈二和尚摸不着头脑，这样一首好诗，能惹啥麻烦啊。武元衡心里更加恼火了，认为刘禹锡确实是不知天高地厚，给你机会解释你不要，那就别怪我不客气了，于是又假意寒暄了一会儿，让懵懵懂懂的刘禹锡回去了。

后来在朝堂上，大家一起讨论刘禹锡这帮人如何安置时，武元衡便指使自己的手下使绊子，说刘禹锡写的这首诗说明他还对自己之前被贬的事心怀怨恨，往大了说就是还记恨着皇帝呢。刘禹锡有口难辩，但皇帝原本就对刘禹锡不太感冒，哪里顾得上其中的冤屈，直接脸色一沉，大手一挥，又打发他们到偏远地方去了。这一次，皇帝对刘禹锡尤其狠心，直接把他贬到了比朗州还要贫穷落后的播州去做刺史，比柳宗元的柳州刺史要差上不少。

别来这套，没用，我的妃子们早就使过了！

皇上，冤枉啊！

刘禹锡大受打击，难道叫我回来就是为了把我贬到更远的地方去吗？他自己倒是能受得住播州的苦，但是原本住在洛阳的老母亲十年没见着他，想他想得紧，这回说什么也要跟他一起去播州受苦，还有几个小孩也要跟着去，他们铁定受不住啊！刘禹锡的苦瓜脸着实挂了很长时间。柳宗元呢，为人仗义得很，见他这样，心里十分难过和同情，就直接向朝廷提出申请，请求和刘禹锡换一换，让刘禹锡去当柳州刺史。柳宗元真的是有情有义的好队友啊！

刘兄，快变回来吧，我跟你换！

　　皇帝听到后，丝毫不感动，反而更气了：他刘禹锡现在记得自己有老母亲和小孩了，之前怎么就那么冲动，非要写出惹祸的诗来？不过，皇帝不感动，朝廷里的官员感动啊，尤其是**裴度**，他丝毫不怕被牵连，直接劝皇帝说："您最近也在侍候太后啊，不如给刘禹锡做个榜样吧！"皇帝沉默了好久，想想老人家确实不该受苦，挣扎了好一会儿还是答应了，于是宣布刘禹锡改贬为**连州刺史**，柳宗元仍是柳州刺史。

裴度，唐朝中期杰出的政治家、文学家，辅佐唐宪宗实现"元和中兴"。

第 九 章
连州刺史

尽管有裴度、柳宗元的仗义，刘禹锡心里还是很愁闷，毕竟大展宏图的愿望再次泡汤了。他只得闷闷不乐地去洛阳接母亲，准备出发前往连州。柳宗元见好友愁眉苦脸，就约了刘禹锡一起上路，好在路上安慰他。有了好友陪伴，这一路上还算开心，只可惜，两人毕竟不是去同一个地方，不得不在衡阳分手。

　　分别的日子到了，刘禹锡心里难受啊，和柳宗元絮絮叨叨地说了很多话，巴不得一直说到天黑。但皇命难违，分离的时刻终究到了，刘禹锡只能红着眼睛在渡口

处送柳宗元登船。柳宗元心里也很是不舍，江边的杨柳依依，好像也在挽留他似的，一时间，竟然有了灵感，作了一首《衡阳与梦得分路赠别》。

你好兄弟刘禹锡脸皮薄，由我出面留你!

你咋来拉我了?

刘禹锡听后也灵感大发，作出一首《**再授连州至衡阳酬柳柳州赠别**》念给柳宗元听：

去国十年同赴召，渡湘千里又分岐。

重临事异黄丞相，三黜名惭柳士师。

归目并随回雁尽，愁肠正遇断猿时。

桂江东过连山下，相望长吟有所思。

柳柳州：柳宗元。黄丞相：西汉时贤相黄霸。柳士师：春秋时期名士柳下惠。桂江：指漓江，此处指柳宗元将要前往的柳州。连山：指诗人所往之地连州。有所思：古乐府篇名，汉歌十八曲之一，这里用来喻指诗人与友人不忍离别的情状。

被贬出京城十年后，我们同时接召赴京，又同时再次被贬往边荒之地，同行千里，渡过湘水后不得不分离了。我虽是再次被贬，却不同于西汉黄霸两次出任颍川太守，更是比不上三次被贬黜的柳下惠。期盼归去的目光随着北归的大雁消失在天边，心中愁肠百结却还听到凄厉的猿啼。柳州和连州有桂江相连，当桂江向东流经连山之下的时候，我将和你相互凝望，低头吟诵《有所思》。

柳兄，脑子里全是作诗的灵感，一下哭不出来了！

气氛渐渐变了些味道，虽然仍然悲伤，但两个人竟然离别着，离别着，弄出一个"诗歌大赛"出来了。柳宗元听完刘禹锡回的诗后，立马再作一首《重别梦得》，刘禹锡也毫不示弱，回了一首《重答柳柳州》，柳宗元再作一首《三赠刘员外》，而刘禹锡也再回了一首《答柳子厚》，战况十分焦灼！

诗词PK大赛

3:3

我都要走了，还不能让让我吗？

但灵感也不是取之不尽的，三个来回后，诗作完了，贴心的话也说完了，是时候正式告别了。刘禹锡一直望着柳宗元的船消失后，才继续赶路。没有了柳宗元的陪伴，路上孤独了许多，再加上路途遥远又难走，刘禹锡遇上了很多困难。尤其是在翻越桂岭的时候，山上全是些坑坑洼洼的小路，而且弯弯曲曲的，加上天气炎热，着实让刘禹锡吃了很多苦头，以至于翻过桂岭之后他还写了首**《度桂岭歌》**来吐槽。

桂阳岭，下下复高高。

人稀鸟兽骇，地远草木豪。

寄言迁金子，知余歌者劳。

迁金子：即千金之子，指富家子弟。余：我。

多么崎岖的桂阳岭！上上下下山路曲折不平。人迹罕至，鸟兽受惊乱窜，荒山野岭草木疯长。敬告养尊处优的富家子弟，你们可知道翻过桂岭有多艰辛！

给我等着，等我爬过去就写首诗传出去，让大家都别来这儿！

好在翻过这桂岭后，接下来的路都还比较好走，最后，刘禹锡终于抵达了连州。在连州上任后，刘禹锡先是本本分分地完成了自己的公务，然后就像在朗州一样，四处走动去了解风土人情。他听说南海五月份时曾出现一种"踏潮"现象，觉得特别有意思，就去找当地的一位老先生请教，了解这踏潮具体是个什么景象，还写了首《**踏潮歌**》来记录。

他写完后还特地请那位老先生过目，看写得对不对、好不好。老先生一看，写得这么活灵活现，哪还说得出什么挑刺的话，连连赞叹道："之前元结来这儿担任长官，开凿了海阳湖，刻了碑铭，广受好评；韩愈

也来过这儿，刻了一篇《燕喜亭记》在石头上，受到称赞；现在您也来连州作了一篇好文章，你们三位对于连州的文化，都大有贡献啊！"

不错不错，您可以跟元结、韩愈齐名了！

刘禹锡听了心里美滋滋的，之后又对前辈元结开凿的海阳湖起了兴趣，当即就向老先生问了路，还特地挑了天气好的日子去看海阳湖。海阳湖的美景让人不由得将心中的烦恼全都忘掉，刘禹锡深深陶醉在其中，于是他立马拍板要在这儿建个亭子。刘禹锡可是连州的长官，他要建个亭子岂不是易如反掌？于是没过多久，一座小巧玲珑的亭子就落成了。刘禹锡满意得很，给它起了个名叫"吏隐亭"，还特地为它作了篇散文《**吏隐亭述**》。

刘禹锡在连州的日子过得还算太平，没想到不久后从京城传来了武元衡的死讯。刘禹锡心里对武元衡是有些恨意的，现在武元衡去世了，刘禹锡放开了胆子，写了一些诗来讽刺他，这其中比较有代表性的就是《**聚蚊谣**》了。

沉沉夏夜兰堂开，飞蚊伺暗声如雷。

嘈然欻起初骇听，殷殷若自南山来。

喧腾鼓舞喜昏黑，昧者不分听者惑。

露花滴沥月上天，利觜迎人著不得。

我躯七尺尔如芒，我孤尔众能我伤。

天生有时不可遏，为尔设幄潜匿床。

清商一来秋日晓，羞尔微形饲丹鸟。

欻（xū）：忽然。殷（yǐn）殷：震动声，形容雷声很大。觜（zuǐ）：同"嘴"。幄（wò）：帐幕，指蚊帐。清商：指秋风。羞：同"馐"，滋味好的食物，此处用作动词。

夏夜沉沉，堂屋门窗打开着，蚊子趁着黑夜发出雷鸣般的声响。喧闹声突然而至，让人感到吃惊，像是隆隆的雷声从南山传来。蚊子喜欢在昏暗的夜里嗡嗡地鼓翅飞舞，糊涂的人分辨不清，聪明的人也感到迷惘失措。在露水滴落、月上中天的夏夜，蚊子用尖嘴叮人，让人难以觉察防备。虽然我有七尺之躯，你蚊子小如芒刺，但是我寡你众，所以你能伤我。蚊子出现有一定的时节，我无法阻止，为了避开你的叮咬，我只好躲进蚊帐。等到凉风吹来，在秋天的早晨，你这细微东西就会被丹鸟吃掉。

他将武元衡和他的小喽啰们比作烦人的蚊子，将他们狠狠嘲讽了一通，出了一口恶气。但出了这口恶气之后，他又不免对武元衡的逝世惋惜起来，毕竟是一个生命的消逝，于是他又作了一首《有感》来抒发感慨。总之，武元衡的逝世着实是给刘禹锡暂时平静的生活增添了一些波澜。

唉，何必再和他计较呢，没什么意思了！

　　但总的来说，刘禹锡的生活还是比较平静的。他心里记挂着好朋友柳宗元，就常与他通信，讨论文学、书法之类的。柳宗元也时刻念着刘禹锡和他的家人，有一次柳宗元在家里翻到了一摞值得研习的书法作品，就立马寄过去给刘禹锡的孩子们借鉴参考，还特地找了块很珍贵的叠石砚送过去。刘禹锡感动得不行，当即写了一首**《谢柳子厚寄叠石砚》**表示感谢。

当然，刘禹锡毕竟是连州的长官，所以除了与好友联系之外，他还时常记挂着连州早年间建造起来的一些还未起名字的亭楼和景点。他心想，不如将这些亭楼和景点修整一番，再给起个好名字。刘禹锡行动力强，立马拿了方案去找一位姓裴的官员商量。他很尊重这位官吏，平日里都称他为裴侍御。裴侍御也很敬重他，认认真真听了方案之后，当即拍手称好。于是，这个项目就正式启动了。

裴侍御，你怎么看？

　　刘禹锡上心得很，计划做得十分周全详细，也不拖延，每修整好一处，就起一个名字。不久后，这个项目就顺利完工了。裴侍御大为敬佩，马上写了十首诗组成《十咏》来送给刘禹锡。刘禹锡犯了文人毛病，觉得其中有些句子写得不是很好，就作了十首和诗来回应，这就是著名的**《海阳十咏》**。

大人饶了我吧，不如让我检查一遍语病，再给您看？

这个项目完工后，刘禹锡又得了些空闲，就经常四处游逛，深入了解当地的民俗风情。大概是连州让他感到很新鲜，他竟然得了许多灵感，往往看到些新奇的生活场景，脑海里就能蹦出诗来，写下了《莫瑶歌》《葡萄歌》等一系列诗，还在看了当地老百姓插秧后，写了一首格外接地气的《插田歌》。

这家伙咋回事儿啊？一直往这儿看，不会想捣乱吧？

　　一段时间后，京城里又传来消息，说朝廷成功平复了蔡州，刘禹锡很高兴，一连写了好几首诗庆祝。说来，刘禹锡是真的热爱国家和百姓，宪宗皇帝继位后，刘禹锡不是在被贬，就是在被贬的路上，他却一点儿不记仇，一旦国家发生什么好事儿，他就跟过年似的恨不得放几挂鞭炮庆祝一番。

庆祝朝廷平复蔡州！

　　然而就是这样一个忧国忧民的好官，又遭受了一次重大打击——元和十四年（819年），刘禹锡的母亲去世了！你想想，刘禹锡之前为了母亲曾辞去老熟人杜佑那儿轻松高薪的工作，可见他有多么孝顺母亲。

　　祸不单行，刘禹锡竟然在回洛阳服丧的路上，又收到了朋友柳宗元写给他的托付自己孩子和文稿的遗书。

刘禹锡就好像被雷劈了一样，一路上浑浑噩噩的，都不知道自己是怎么到的洛阳。他心里苦涩得很，含泪写下了给柳宗元的祭文《祭柳员外文》，还作了**《重至衡阳伤柳仪曹》**一诗抒发痛彻心扉的悲伤。

> 忆昨与故人，湘江岸头别。
> 我马映林嘶，君帆转山灭。
> 马嘶循古道，帆灭如流电。
> **千里江蓠春，故人今不见。**

柳仪曹：指柳宗元。江蓠（lí）：一种红藻，也有人认为是一种香草。

回忆从前与老朋友在湘江岸边分别。我的马隔着树林不停地嘶鸣，你的船转过山后就看不见了。现在我的马又沿着旧路嘶鸣前行，但你的船却像永远消失的闪电。眼前虽是千里江蓠，一片春色，但老朋友再也无法相见。

又瘦了，这阵子把我的肌肉都哭没了！

　　这文字，可真是闻者伤心、听者落泪啊！还好天空中的乌云笼罩得再久，也有飘散的一天。不久后，总算发生了两件让刘禹锡感到宽慰的事情。第一件是刘禹锡待在洛阳的这段时间里，很多友人登门拜访，对他表示慰问和关心；另一件就是一直不待见刘禹锡的宪宗皇帝于元和十五年（820年）去世了，这意味着刘禹锡很有可能被重新重用。

第 十 章

枯木逢春

俗话说一朝天子一朝臣，刘禹锡还真算是时来运转了，新上任的皇帝唐穆宗对刘禹锡之前那个革新派团队的人喜欢得很，除了在服丧期的刘禹锡之外，其他几个都升了官，可见刘禹锡也很可能会升官的。

服丧期满后，刘禹锡果然接到了调任的消息。不过大概是年纪大了，心性变得淡泊了，刘禹锡在听到自己被调任为夔（kuí）州刺史时，内心没有太大的波澜，利落地收拾了行李之后就赶往夔州了。

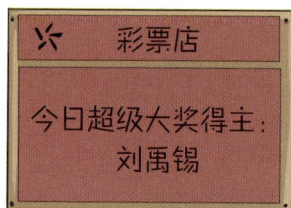

当时，刘禹锡的好朋友**李程**听到他升官的消息，心里非常高兴，他知道刘禹锡肯定会路过他这儿，就专门等着刘禹锡，把他接回家喝酒聊天。刘禹锡呢，这段时间沉

浸在悲伤里，一直没怎么出门，这回因为升官出了远门，还遇上了好朋友，心里很高兴，就一直舍不得走，直到规定抵达夔州的期限快要到了，才跟李程分手，还给他留了首《鄂（è）渚（zhǔ）留别李二十一表臣大夫》：

高樯起行色，促柱动离声。
欲问江深浅，应如远别情。

樯（qiáng）：帆船上挂风帆的桅杆，引申为帆船或帆。行色：出发前后的神态、情景或气派。促柱：急弦。指移近支弦的柱，以使弦紧。

高高的桅杆上挂起风帆，船要起航了，柱子移近支弦，拉紧支弦，发出的是离别的声音。想要问问这江水的深浅，大概就像我离别远行的不舍之情那么深吧。

烦人的皇帝，非要让我和好朋友分开！

文人嘛，总是忍不住相互较量一番的。李程看得心痒痒，就写下两首五绝送给刘禹锡。刘禹锡或许是真的很珍惜这位老朋友，又或许是想和他认真切磋一番，就又写下了《**答表臣赠别二首**》：

其一

昔为瑶池侣，飞舞集蓬莱。

今作江汉别，风雪一徘徊。

其二

嘶马立未还，行舟路将转。

江头暝色深，挥袖依稀见。

瑶池：指宫中的苑池。暝（míng）色：暮色，夜色。

其一

昔日我们在宫中一同做事，如在仙境中宴饮起舞。如今我们在汉江告别，如同风雪徘徊不止，满是不舍。

其二

岸边嘶鸣的马儿立在原地没有回去，前行的船儿即将改变航道。江头上暮色渐深，挥手告别的身影依稀可见。

李程，你完了，我不仅诗写得比你好，数量还比你多！

不仅如此，在坐船离开的路上，他还在细细回味着，又接连写下了好几首诗，都寄给了李程。和李程告别后，刘禹锡一路坐着船，摇摇晃晃抵达了夔州。他先是按照老规矩完成了工作任务，然后就闲不住腿，到处去溜达了。

有一天，他刚从外边逛完回来，还没来得及歇会儿喝口茶呢，就听到有人求见的消息。没办法，工作重要啊，于是刘禹锡赶紧让手下把人叫了进来。

谁呀？非得在我快下班时赶过来，我还想喝口茶呢！

一看这人，不认识啊，刘禹锡就问他是谁。来人老老实实回答，却差点让刘禹锡惊掉了下巴，原来眼前的小伙竟然是韦执谊的儿子韦绚。也不怪刘禹锡不认识，毕竟上回见到这小子的时候，他还穿开裆裤呢。感叹过后，刘禹锡总算想起正事，就问他有什么事，结果小伙红了眼睛。刘禹锡手忙脚乱，连忙问他怎么了。小伙这才开口，原来是父亲去世后，孤苦无依，就想来投奔父亲生前的好友，再学些学问。刘禹锡见韦绚竟然如此好学，非常感动，就很痛快地答应了。

好消息，好消息，知名教师刘禹锡先生开课了，快来报名！

　　细数这段时光，刘禹锡失去了亲人和好友，也得了许多新人陪伴。就在韦绚投奔后不久，刘禹锡小时候一起钓鱼玩水的好朋友裴昌禹也找上了门，他很难为情地和刘禹锡说自己生活窘迫，想在他这儿住一段时间。面对好朋友的请求，刘禹锡当然是满口答应。刘禹锡多了柳宗元的孩子、韦绚和裴昌禹等人陪伴，心情总算好了起来。

刘禹锡这人呢，心情一变好，就闲不住，经常跑出去观察夔州当地老百姓的生活。他发现当地的老百姓在很多场合都会哼着同一种曲子，特别好奇，就四处询问别人，还主动学着唱。唱着唱着，灵感就像泉水一样涌了出来，于是十一首非常动人、富有生活情趣的《**竹枝词**》就横空出世了。其中有两首非常出名，直到现在都保持着超高的人气。

杨柳青青江水平，闻郎江上唱歌声。
东边日出西边雨，道是无晴却有晴。

竹枝词：乐府名，又名"竹枝""竹枝歌""竹枝曲"。

杨柳青青，江水十分平静，听到情郎在江上踏歌的声音。东边阳光灿烂西边细雨绵绵，说不是晴天，但又有晴天（表面上是"无情"，实则是"有情"）。

楚水巴山江雨多，巴人能唱本乡歌。
今朝北客思归去，回入纥那披绿罗。

楚水巴山：泛指蜀楚之地的山水。北客：作者自指。纥（hé）那：踏曲的和声。绿罗：绿色的绮罗。

蜀楚之地山水多，江上雨水丰富，巴人擅长吟唱本乡的歌谣。如今北方来的客子想要归去，回乡听到踏曲的和声，看到披着的绿色绮罗。

22:39

竹枝词

作词：刘禹锡
作曲：无名氏

杨柳青青江水平，
闻郎江上唱歌声。
东边日出西边雨，
道是无晴却有晴。
……

　　"东边日出西边雨，道是无晴却有晴"是千古名句，很巧妙地利用"晴"字双关"情"字，令人赞叹不已。《竹枝词》的大获成功不禁让刘禹锡有些小小的得意。不过，刘禹锡才不会翘小尾巴呢，他将这种小小得意都转化成了继续挖掘民歌的动力。刘禹锡很快想到，这边的小老百姓不是也很喜欢唱《浪淘沙》吗？那就从这儿入手好了。于是不久后，他又写了九首**《浪淘**

沙》，其中有两首可谓是脍炙人口。

九曲黄河万里沙，浪淘风簸自天涯。
如今直上银河去，同到牵牛织女家。

万里黄河弯弯曲曲夹带着泥沙，滚滚波涛就像被大风颠簸从天而降。今天我们可以沿着黄河径直到银河，一起去寻访牛郎织女的家。

八月涛声吼地来，头高数丈触山回。
须臾却入海门去，卷起沙堆似雪堆。

农历八月的钱塘江潮发出的声音像吼叫一样，数丈高的浪头铺天盖地，触山而回。片刻间，大潮就又已经退回大海。海滩上留下一座座被巨浪卷起的沙堆，像一堆堆白雪。

《浪淘沙》写得也很成功，于是刘禹锡再接再厉，继续把精力投入到民歌的创作中，同时一边写歌一边整理好友柳宗元的遗稿。不幸的是，一个坏消息再次砸来——长庆四年（824年），穆宗皇帝去世了！刘禹锡回想过去的几十年，唐朝这都换了多少个皇帝了！从前的唐朝是那样繁荣强大，现在却如此动荡不复从前！他越想越感慨，一首《**蜀先主庙**》脱口而出。

天地英雄气，千秋尚凛然。

势分三足鼎，业复五铢钱。

得相能开国，生儿不象贤。

凄凉蜀故妓，来舞魏宫前。

刘备的英雄气概充满天地，历经千秋万代都令人肃然起敬。他建立蜀国与吴、魏三分天下成鼎足，恢复五铢钱币志在振兴汉室。他拜诸葛亮为丞相开创国基，可惜生的儿子不像其父那样贤明。最凄惨的是蜀宫中的歌伎，在魏宫中歌舞而刘禅却毫不羞愧。

但就算刘禹锡再感慨又能怎么样呢？日子还是要过下去，唐朝也还是要迎来新的皇帝。新皇帝唐敬宗一上任，就大赦天下，还拿出了几个好职位招揽人才。刘禹锡可不是之前那个空有一腔热血的毛头小伙了，他没有一股脑儿去争去抢，而是把更适合这些职位的裴昌禹推荐了过去，自己老老实实地继续当夔州刺史。

什么叫"无心插柳柳成荫"呢？刘禹锡这个时候受够了打击，已经不那么热衷于升官了，但好运偏偏看中了他这个性子，非要降临在他的头上。

原来不久前，李程当了宰相，他心里一直记挂着刘禹锡，时不时就提点下身边的人让他们多关照。别人一看，刘禹锡和宰相关系这么好，可不得好好扶一把，于是刘禹锡接到了前往和州（今安徽和县）当刺史的任命。

兄弟，快来，我们共享世间繁华。

听到消息后，刘禹锡有些意外，简简单单地收拾行李就上路了。路上的风景很美，刘禹锡的心情也是愉悦轻松的，这个状态不写诗，更待何时？于是，在路过洞庭湖时，他写下了名垂青史的《望洞庭》：

湖光秋月两相和，潭面无风镜未磨。
遥望洞庭山水翠，白银盘里一青螺。

青螺：青绿色的螺，这里用来形容洞庭湖中的君山。

洞庭湖上水色和月光两相融和，湖面风平浪静，好像一面未磨的铜镜。远远眺望洞庭湖，山水苍翠如墨，仿佛洁白的银盘里托着一枚青螺。

在途经西塞山时，刘禹锡的脑子里顿时腾起许多历史画面，感慨不已，于是写下了被誉为"唐人怀古之绝唱"的《**西塞山怀古**》：

王濬楼船下益州，金陵王气黯然收。
千寻铁锁沉江底，一片降幡出石头。
人世几回伤往事，山形依旧枕寒流。
从今四海为家日，故垒萧萧芦荻秋。

金陵：今南京，当时是吴国的都城。**王气**：帝王之气。**降幡**（xiáng fān）：降旗。

王濬（jùn）率领的西晋战舰沿江而下，离开益州，显赫无比的东吴王气黯然消逝。千丈长的铁锁沉入江底，石头城上举起了降旗，东吴灭亡。人世间有多少让人伤感的往事啊，西塞山却依然枕着滚滚的长江。如今四海已成为一家，旧时的壁垒已成废墟，只有芦荻在飘摇。

孩子们，够你们背的了，嘿嘿！

　　路程就在一首接一首作诗的日子里悄然走完，刘禹锡总算抵达了和州。和州当时正经历一场旱灾，刘禹锡到了之后，就忙着安抚百姓，想法子救灾。好不容易撑过了旱灾，他又收到了一个让他十分悲痛的消息——好友韩愈去世了！刘禹锡一连几天都沉默寡言，怀着沉痛的心情为韩愈写了一篇祭文——《祭韩吏部文》。

你们一个个都抛下我走了！太残忍了！

　　刘禹锡在和州待的时间不长，只有两年左右。在这段时间里，他除了正常的公务，也像之前在其他地方一样，在外面到处溜达，对当地的民风民俗进行一番考察。说起来，他虽然小时候在江南住过，但一直没有去过金陵，一直对此颇有遗憾。有一天，一位客人来见他时，带了自己写的《金陵五题》给他看。刘禹锡读了之后，忽然有了灵感，作了五首诗，也取名叫《金陵五题》。

　　这《金陵五题》中有两首诗几乎是家喻户晓，那就是《**石头城**》和《**乌衣巷**》。

石头城

山围故国周遭在，潮打空城寂寞回。
淮水东边旧时月，夜深还过女墙来。

群山环绕着废弃的故都，周围的一切还在。潮水拍打着寂寞的空城，来来回回。淮水东边升起古老而清冷的圆月，到了夜半时分便窥视这昔日的皇宫。

乌衣巷

朱雀桥边野草花，乌衣巷口夕阳斜。
旧时王谢堂前燕，飞入寻常百姓家。

朱雀桥边长着野草和野花，乌衣巷口正是夕阳西斜。从前在王家、谢家厅堂前筑巢的燕子，如今已飞进平常百姓家中。

宝历二年（826年），刘禹锡突然收到了朝廷画的大饼，让他回洛阳等着安排工作。

又是哪个倒霉人要收到大饼啊！

当时的洛阳号称"东都"，地位仅次于长安，而且刘禹锡的老家就在洛阳。收到这个消息，他还是很高兴的。不过，这个时候他年纪也不小了，估计是想着这次去洛阳可能之后就不会到江南来了，再加上他对金陵实在心向往之，之前去都还没去，也要给它写诗。于是，他特地绕了绕路，到金陵、扬州一带旅游。

说来也是奇妙，我们前面曾提过，白居易曾给刘禹锡一次性寄了一百篇诗，后来也时常跟刘禹锡书信往来，互相交流文学心得。然而，他们却很少碰面，就像咱们现代的"网友"似的。这一次，刘禹锡去过金陵后，又去了扬州，巧了嘿！白居易这时正在扬州，两人在一场宴会上碰了面，一聊天，更巧了，两人竟然都是要去洛阳做官的！不由得都很欣喜。

宴会上，刘禹锡说起自己和金陵的故事，还把自己作的几首诗拿出来给白居易瞧。白居易特别赞赏《石头城》中的"潮打空城寂寞回"一句。不过，白居易也有些傲气，马上开启了battle（战斗）状态，写了首诗送给刘禹锡。刘禹锡不甘示弱，回应了一首**《酬乐天扬州初逢席上见赠》**：

巴山楚水凄凉地，二十三年弃置身。
怀旧空吟闻笛赋，到乡翻似烂柯人。
沉舟侧畔千帆过，病树前头万木春。
今日听君歌一曲，暂凭杯酒长精神。

弃置身：指遭受贬谪的诗人自己。闻笛赋：指西晋向秀的《思旧赋》。向秀经过好友嵇康故居时，听见有人吹笛，想到嵇康被害，不禁悲从中来，于是作了《思旧赋》。烂柯人：指晋人王质。传说王质上山砍柴，看人下棋，等棋局结束，斧柄（柯）已朽烂。回村后，发现已过百年，与他同时代的人都去世了。沉舟、病树：这是诗人以沉舟、病树自比。歌一曲：指白居易的《醉赠刘二十八使君》。

在巴山楚水这些凄凉的地方，我度过了二十三年的光阴。怀念旧日，很是感慨地吟起《思旧赋》。久谪归来感觉自己好似王质，一切都已改变。沉船的旁边有千艘船驶过，病树的前头也有万木争春。今天听了你为我吟诵的诗篇，暂且借这一杯美酒振奋精神。

可以！

老样子，写诗比一比？

白居易一听，甘拜下风，这一轮battle就正式告一段落。不过，可别忘了，这两人都要去洛阳呢，这一路上别提切磋了多少轮了，倒是一点没伤和气。就这样，他们顺利抵达了洛阳。

然而，到了洛阳之后，白居易顺利地接到了工作任务，而刘禹锡还在捧着那张画的"大饼"等着朝廷的任命呢。

老铁，这回你赢了，下回再来！

不过，到了"知天命之年"的刘禹锡也不慌，他四处走走逛逛，偶尔见见老朋友，每天闲适得很。终于，在刘禹锡等得花儿都谢了的时候，朝廷的任命到了。这次朝廷是让他去长安当个闲官。刘禹锡不由得有点郁闷，好在长安那边朋友多。而且长安很美，又很热闹，刘禹锡每天完成工作任务之后就在城里闲逛，东看看西看看。总的来说，他在长安的小日子过得也还算不错。

长安这么好玩，说不定皇帝就是体贴我，想让我养老呢！

　　而且，趁着这个机会，刘禹锡故地重游，又去了一趟玄都观，还写下了《**再游玄都观**》这首诗。

百亩庭中半是苔，桃花净尽菜花开。

种桃道士归何处，前度刘郎今又来。

　　百亩庭院中长满了青苔，原先盛开的桃花全都不见，只有菜花在开放。当年种桃树的道士身在何处？曾在这里赏花的我又回来了。

不过可别忘了，换了那么多回皇帝，朝廷里还有得折腾呢。刘禹锡躲得了一时，可躲不了一世啊。这不，意外还是发生了。这时的皇帝已由敬宗换成了文宗，文宗皇帝一直担心朝廷里的"小人"暗害自己，就选了自己很信任的宋申锡当宰相，暗中计划除掉"小人们"。宋申锡一直小心翼翼，但是百密一疏，事情还是败露了。"小人们"呢，靠着自己的巧舌如簧，对着文宗皇帝一顿"洗脑"，让文宗皇帝除掉宋申锡，还顺带把那些没啥背景又有妨碍的官员清走，这其中就包括刘禹锡——他被外派到了苏州当刺史。

躲什么？还不是逮到你了！

第十一章
安度晚年

刘禹锡简直是人在家中坐，锅从天上来啊。现任文宗皇帝喜欢诗歌，知道刘禹锡是被小人排挤出去的，还特地把这位大诗人喊来安慰了一番。但又有什么用呢？刘禹锡还是只能依依不舍地和好朋友们道别，然后垂头丧气地踏上去苏州的路。而且苏州和他想象中还不太一样。白居易是做过苏州刺史的，他告诉刘禹锡苏州有好山好水好风光，结果不赶巧儿，刘禹锡到的时候，苏州才发过很大的水灾。

他作为苏州的长官，看着灾后的苏州百姓因为粮食不够，一个个瘦成皮包骨，又看到苏州灾后的惨淡模样，心里特别痛心和着急，就忙活了一个多月，又是实

地考察，又是四处巡视，赶出了一份拨粮计划书交给朝廷。朝廷里正发愁水灾怎么处理呢，一看到这么详尽完备的计划书，立马同意拨粮了。苏州总算又渐渐恢复了生机。

不错，真让我省心！

刘禹锡心里的大石头总算落了地。不过这一忙完，又多了很多空闲时间。怎么打发呢？对于刘禹锡这种大文豪来说，当然是要搞文学啦。于是在这段时间里，刘禹锡常常和白居易等好朋友联系，互相写诗酬和。有一天，刘禹锡的女婿崔生来跟他告别，看到刘禹锡这边有很多诗稿，就告诉自己的老丈人说可以考虑编一本自己的书。刘禹锡心里很认同，就花了些时间选出了大约四分之一的诗文，编成了《刘氏集略》。

编书？好小子，我怎么没想到呢？不愧是我刘禹锡的女婿啊！

　　看到这里，是不是以为刘禹锡的余生就在苏州扎根了？不，朝廷不知道是出于什么原因，非要把刘禹锡调到汝州去当刺史，害得刘禹锡恋恋不舍地写下了好几首诗才肯启程。去汝州的路上正好经过扬州，当时牛僧孺刚好在扬州做官，听到刘禹锡来了，就请他去做客。

怎么老爱折腾我呢？

刘禹锡觉得奇怪，想着自己跟他关系又不咋样，为什么要请自己做客呢？原来牛僧孺还记着之前刘禹锡因太忙而忽略了自己的诗文的事，就一直旁敲侧击地提醒他，希望他能想起来。但刘禹锡这时候都六十多岁了，哪里记得那么多年前的事儿呢？牛僧孺着急了，就想了个招——和刘禹锡对诗。他先发制人，作了首诗来提示他。

刘禹锡这演技挺不错啊，演得还真像不记得了似的！

刘禹锡一听，总算想起来了，觉得有点羞愧和抱歉，便回了首诗表达自己的歉意，牛僧孺总算满意地放刘禹锡走了。

刘禹锡到了汝州，开始适应这边的生活。等好不容易重新站稳脚跟，朝廷又表演了一出川剧变脸，让刘禹锡打包行李赶到同州去当刺史。

等到好不容易赶到同州，刘禹锡又是一顿忙活。本来以为这次总算能安顿下来了，结果他的脚又出了毛病。朝廷总算有了点良心，没再折腾他了，通知他回到洛阳来休养身体。

回到洛阳之后，刘禹锡开启了快乐的养老生活，每天高高兴兴地和朋友对对诗，聊聊天，好不快活！他经常和朋友在自己的"陋室"里相聚，并写下了著名的**《陋室铭》**：

山不在高，有仙则名。水不在深，有龙则灵。斯是陋室，惟吾德馨。苔痕上阶绿，草色入帘青。**谈笑有鸿儒，往来无白丁。**可以调素琴，阅金经。无丝竹之乱耳，无案牍之劳形。南阳诸葛庐，西蜀子云亭。孔子云：**何陋之有？**

铭：古代刻在器物上用来警诫自己或称述功德的文字，后来成为一种文体。馨：能散布很远的香气，这里指德行美好。鸿儒：指博学的人。白丁：指没有什么学问的人。调（tiáo）素琴：弹奏不加装饰的琴。丝竹：指奏乐的声音。案牍（dú）：官府的公文。劳形：使身体劳累。子云：即扬雄，西汉时文学家，蜀郡成都人。

山不在于高，有仙人居住就有盛名；水不在于深，有蛟龙潜藏就有灵气。这虽然是间简陋的小屋，但我品德高尚、德行美好。苔痕布满阶石，一片翠绿；草色映入竹帘，满室青青。往来谈笑的都是饱学之士，没有一个浅薄无识之人。可以弹未加装饰的琴，可以阅读佛经。没有嘈杂的音乐声扰乱耳朵，没有官府的公文使身体劳累。南阳有诸葛亮的草庐，西蜀有扬雄的玄亭。正如孔子说的："有什么简陋之处呢？"

终于可以养老了！

他和白居易的友谊也越来越深厚，两人经常你来我往地写诗，较量才华，说来也算是相互成就的过程。两人在这一过程中写出了不少脍炙人口的好诗，例如刘禹锡就曾写出了**《酬乐天咏老见示》**：

人谁不顾老，老去有谁怜。

身瘦带频减，发稀帽自偏。

废书缘惜眼，多灸为随年。

经事还谙事，阅人如阅川。

细思皆幸矣，下此便翛然。

莫道桑榆晚，为霞尚满天。

谙（ān）：熟悉，精通。翛（xiān）然：无拘无束、自由自在的样子。

谁不担忧会衰老？老了又有谁来爱怜？身体渐瘦，衣带越来越要收紧；头发稀少，戴正了的帽子也会自己偏斜到一边。书卷搁置起来不再看是为了爱惜眼睛，经常艾灸是因为年迈力衰，诸病缠身。经历过了世事见识也就广了，接触了解的人越多，观察起来更加一目了然。细细想来，老了也有好的一面，克服了对老的担忧就会心情畅快，无牵无挂。不要说太阳到达桑榆之间就已近傍晚，它的霞光余晖照样可以映红满天。

这时刘禹锡已经是七十一岁的高龄。人一老嘛，总爱追忆自己的人生，刘禹锡也不例外。他总结了自己这一生中所经历的事情，颤颤巍巍地用笔记录下来，汇编成他的自传——**《子刘子自传》**。或许是自传写完后，他心里最后一块大石头落了地，对这个世界再没了牵挂，又或许他一直强撑着，直到自传写完后，才肯安心。总之，在写完这本自传后不久，这位名动一时的大诗人刘禹锡的生命就画上了句号。

> 老了之后，总算体会到了食堂阿姨的手抖！

第 十 二 章
人 生 小 结

一代诗豪刘禹锡的一生就这样画上了句号。回顾他这一生啊，大起有之，大落亦有之，一波三折，可谓是极具戏剧感的一生。多有戏剧感呢？不如让我们先来回顾一下他的一些"高光时刻"吧。

我这一生啊，简直就跟演电视剧一样一样的，不信您就听我来讲上一讲！

公元772年（唐代宗大历七年），刘禹锡出生。

公元793年（唐德宗贞元九年），刘禹锡赴京赶考，结识好友柳宗元，并连续两次登榜。

公元795年（唐德宗贞元十一年），刘禹锡登吏部取士科，任职太子校书。

公元796年（唐德宗贞元十二年），刘禹锡因父亲去世，回家守孝。孝期结束后，到杜佑手下做掌书记。

公元803年（唐德宗贞元十九年），刘禹锡调任京城，结识韩愈，与柳宗元、韩愈二人交往密切。

公元805年（唐德宗贞元二十一年），唐德宗驾崩，刘禹锡达到政治巅峰，与王叔文、王伾、柳宗元三人形成"二王、刘、柳"集团，执行"永贞革新"。同年革新失败，刘禹锡被贬朗州，并在朗州任职期间写下了著名的《学阮公体》和《秋词》。

公元815年（唐宪宗元和十年），刘禹锡奉诏回京，感慨良多，写下《元和十年自朗州承召至京戏赠看花诸君子》，被人恶意解读，再度被贬至播州，经好友相助改为连州。

公元819年（唐宪宗元和十四年），刘禹锡母亲去世，同年，知己好友柳宗元去世。

公元821年（唐穆宗长庆元年），刘禹锡升任夔州刺史。在任职期间，他写下了《竹枝词》《浪淘沙》等脍炙人口的诗歌。

公元824年（唐穆宗长庆四年），刘禹锡调任和州刺史。赴任途中，写下《望洞庭》《西塞山怀古》等诗。和州任职时，写下《石头城》《乌衣巷》等诗。

公元826年（唐敬宗宝历二年），刘禹锡奉诏回洛阳，途遇白居易，写下著名的《酬乐天扬州初逢席上见赠》。

公元828年（唐文宗大和二年），刘禹锡调至长安任主客郎中，故地重游，写下《再游玄都观》一诗。

公元832年（唐文宗大和六年），刘禹锡调任苏州刺史。后又任汝州刺史、同州刺史。

公元836年（唐文宗开成元年），刘禹锡回到洛阳任太子宾客。在此期间，写下流传千古的《陋室铭》。

公元842年（唐武宗会昌二年），刘禹锡溘然长逝。

各位看官对哪段感兴趣呢？我说书可先进了，还能点播呢！

说起刘禹锡的政治生涯，或许可以这样来形容：一个兴致满满玩游戏的玩家，前面是高光时刻，轻松过关；到了后边的关卡就开启困难模式，心态爆炸，发挥失常；最后平稳心态，但技术难以回到巅峰，平平稳稳过关，没啥亮眼的操作。

先来看看兴致满满的高光时刻吧。这一出场呢，就自带了男主光环。虽然身体柔弱，但是家庭关系和睦，情感教育良好；虽然出生在动荡年代，但是和无数文人墨客"荡"到了同一个地方，文化氛围很足；虽然年纪小小，是个调皮蛋儿，但是父亲让他收心就噌地一下收心，潜心学习，文学天赋极强的同时，性格还特别适合做学问。这样的玩家怎么会过不了关呢？于是唰唰拿下三次难度五颗星的考试，再唰唰一次拿下京城的职位，又唰唰一次凭借着自己的才华还有交友特长达到政治巅峰，在朝廷里要风得风，要雨得雨，生活滋润得很。

欢迎著名成功人士刘禹锡先生来校讲述自己的成功经验

要不古人说"树大招风"呢？刘禹锡手握政治的权杖，又天天高调地生活，滋润得不行，对头们恨恨地拿着放大镜找他的错。这不，一个没注意就翻了车。嚯，这下可惨了，刘禹锡直接坠入了低谷。先是去朗州走了一遭，每天郁郁寡欢的，做梦都希望皇帝把自己召回去。结果却在一天又一天的等待中死了心，老老实实待在朗州写诗干活，一待就是十年。

小样，别得意，看我迟早扳倒你！

终于，刘禹锡等来了一个"伪转机"——皇帝召刘禹锡回京。刘禹锡可高兴了，觉得这就是自己翻身的好机会啊，麻溜地就打包回去了。回去故地重游，想到以前的辉煌时刻，一时之间心里复杂得很。文人呢，处理很复杂的情绪，基本是喝酒、约好朋友谈心、写诗写文章什么的。不巧，刘禹锡整了个全套，喝了酒，谈了心，还写了《元和十年自朗州承召至京戏赠看花诸君子》。

> 心里很不是滋味啊，怎么办呢？要不来个喝酒、谈心、写诗一条龙得了？

要知道刘禹锡之前可是在朝廷里呼风唤雨啊，想也知道有多高调，记恨他的人可有不少！再加上这次回来，又是喝酒聊天，又是写诗的，搞了这么大阵仗，有些人的火气就噌噌上来了，立马跑去皇帝那儿来了一波恶意解读，说刘禹锡写这首诗就是记恨皇帝当初贬谪自己呢。皇帝哪里受得了这样挑拨，当即决定把刘禹锡贬到天边去，来个眼不见为净。

刘禹锡是在怪您呢，可千万别重用他了。

可怜的刘禹锡上哪儿申冤呢？他本来就不太招皇帝喜欢，这会儿哪有什么话语权呢？只能在再次被贬的路上，悄悄在心里喊冤。然而人一倒霉起来还真刹不住车，在连州的这段时间，刘禹锡一连遭遇了两大打击——母亲去世和好友柳宗元去世，这一下可把刘禹锡打击狠了。他直接精神恍惚了，好久都没缓过来。

我心里苦哇！

"风雨之后见彩虹"，这一连串打击之后，刘禹锡反而时来运转，一跃成了夔州刺史。不过经历了这么多事儿后，他可不再是之前那个毛毛躁躁的年轻小伙了。那时候莽撞，升一点儿官降一点儿职，他的情绪就在喜怒之间任意切换。现在的情绪呢，没啥大波动，开心也开心，但只能算是平静的开心了。哪怕后来在好几个地方倒腾，他的心态也一直保持得很好，很平和。

我的内心毫无波动，甚至还有点想"哦"一声表示我知道了。

恭喜刘禹锡大人，您升职了！

可能是因为刘禹锡的生活重心不再全压在仕途上了吧，他开始更多地把心思放在写诗上。所谓专心致志容易成大事，而且刘禹锡本来就文学天赋极高，于是以前那些官场上的高光时刻就全转移到了文学场上。脍炙人口的诗歌那可是一首接一首啊，不仅在当时流传得很广，而且是留给我们这些后辈一笔不菲的文学财富呢。

早知道写诗是我的强项，我就早点转行当诗人了。

总的来说，刘禹锡这一生就像拥有两个山峰的绵延起伏的山峦。先是在政治上昙花一现，然后在官场沉浮多年，接着在文学场上一骑绝尘，并保持超然的地位。对于政治家刘禹锡，我们惋惜他的遭遇；但从诗豪刘禹锡的角度来说，我们又不得不承认，他政治场上的波澜起伏恰恰是让他在文学场上脱颖而出的重要原因。于是我们惋惜的同时，又不由得有些庆幸，还有这么多脍炙人口的诗歌流传下来，为古代文学增光添彩，让后代欣赏、学习。

不过话也不能这么说，要是没这么多经历，我也没这么多素材和感慨可以写啊！

这是怎样大的一个成就呢？单从后人冠以"诗豪"这个称呼来看可能还不够具体，那就展开来说说吧。刘禹锡的诗流淌着一股哲人的智慧，散发出一种积极乐观的生命活力，体现出坚毅刚强的人格魅力，如"晴空一鹤排云上，便引诗情到碧霄"，又如"沉舟侧畔千帆过，病树前头万木春"。而且，他常常收集民歌，将民歌的格调融入诗歌创作，这使得他写出了不少既朴素自然，又活泼轻巧，散发着浓郁的生活气息的诗，如他的那一首《竹枝词》："杨柳青青江水平，闻郎江上唱歌声。东边日出西边雨，道是无晴却有晴。"一读，我们便能感受到淳朴的民风气息扑面而来，为唐诗中别开生面之作。他真是一位妥妥的"明星诗人"啊。

而且，经历的事情越多，刘禹锡成长得越快。种种挫折、打击磨砺了刘禹锡刚毅坚强的性格，加上他早年曾跟着皎然大师潜心学习过一段时间，这使得他的诗歌

充满哲理，也让他在哲学方面取得了不小的成就，写下的三篇《天论》，篇篇道理深刻隽永。

> 说来还得感谢皇帝老贬我，让我四处赶趟，不然我也不会成长得这么快啊。

> 请问您的诗歌为何如此优秀呢？

除却诗歌和哲学成就外，刘禹锡的辞赋也十分值得一提。贬谪的经历令他感慨颇多，不由得下笔写下了多篇辞赋，其中不免充斥着郁郁不得志的心绪，但他的坚强又使得赋中亦有儒家兼济天下的大义。

> 别光问我的诗歌呀，我的辞赋写得也不错，捎带着问问呗。

这么优秀的人自然而然地会吸引很多崇拜者，这不，好友白居易就很佩服刘禹锡的才华，公开表示"彭城刘梦得，诗豪者也。其锋森然，少敢当者。予不量力，往往犯之"。意思是说，当时在文坛，可没几个人比得过刘禹锡，还表示自己常常想要和刘禹锡切磋切磋，但也清楚地知道这就是不自量力，可见白居易究竟有多佩服刘禹锡的才华了。

你不仅是我白居易这辈子的好朋友，你还是我的神！

明代的文学家胡震亨评价道："禹锡有'诗豪'之目。其诗气该今古，词总华实，运用似无甚过人，却都惬人意，语语可歌，真才情之最豪者。"这说明什么？说明刘禹锡诗歌之美是能够跨越时间和空间的，无论是生活在同时代的人，还是远在七百多年后的明代的人，都能够欣赏并给予高度的赞扬。

我们有相同的审美！

而且可不止古人呢，使用白话文的现代人也是高度认可刘禹锡的诗歌水平的。来听听常德市武陵人是怎么

说的吧。"在漫长的历史长河里，来武陵作宰的不知凡几，而真正谈得上给武陵留下了文采风流印象的，却只有刘禹锡一人。"并认为刘禹锡对武陵文化的发展、影响是极深远的，其作用仅次于屈原。屈原？要知道屈原可是中国浪漫主义诗歌的奠基人啊！刘禹锡对武陵文化的影响能够仅次于屈原，那他的文学地位自然是不言而喻了吧。

这么优秀的人，不了解他和他的诗歌岂不是亏大了？那么读到这里，不知道大家的脑海里有没有浮现一个活灵活现的刘禹锡呢？

同学们都了解刘禹锡是个什么样的人了，我竟然不知道，这不亏大发了嘛！